Arno Rentsch

Religion unter der Lupe

Thesen, Fakten, Zitate

Inhalt

Vorwort   3

Einführung   4

Das Erfolgsgeheimnis der Religionen   6

Religion, ein Phänomen der Evolution   8

Das Weltbild der Religionen   16

Der Machtanspruch der Religionen   25

Die Vielfalt der Religionen   28

Das Menschenbild der Religionen   32

Die Irrtümer und Verbrechen der Religionen   40

Der Glaube an ein Eingreifen Gottes   42

Die Vertröstung auf ein ewiges Leben   43

Der falsche Dualismus von Leib und Seele   44

Die notwendige Erneuerung der Religionen   47

Die Alternativen zu Religion   50

Zusammenfassung   55

Anhang1: Das Gewaltpotential der Bibel   57

Anhang2: Zitatensammlung   70

Literaturhinweise   79

Vorwort

Das Thema Religion begleitet die Menschheit schon seit Urzeiten und fordert auch jeden Einzelnen zu einer Stellungnahme heraus. Ob jemand religiös ist und in welcher Ausprägung, hängt einerseits von sozialen Faktoren, wie Kulturkreis, Erziehung, Bildung, Umfeld und Zeitgeist, aber auch von individuellen Merkmalen, wie Intelligenz, Vernunftorientierung und Emotionalität, ab. Bei dieser komplexen Gemengelage verwundert es nicht, dass wir es im historischen Kontext, aber auch in der Gegenwart mit einer nahezu unendlichen Vielfalt kollektiver und individueller Religiosität zu tun haben, die jeden unvoreingenommenen Beobachter sofort die Wahrheitsfrage stellen lässt.

Genau dies ist die Position, aus der heraus ich seit ca. 40 Jahren versuche, dem Phänomen Religion auf den Grund zu kommen. Dazu habe ich neben der Beschäftigung mit einer Fülle von Literatur unzählige Gespräche und Korrespondenzen mit religiösen und nicht religiösen Persönlichkeiten geführt und diverse Tagungen besucht. Mein Bemühen war, Religion aus unterschiedlichen Aspekten, wie Kosmologie, Physik, Evolution, Verhaltensforschung, Geschichte, Psychologie, Soziologie, Erkenntnistheorie, Philosophie und Hirnforschung zu betrachten und aus den gewonnenen Erkenntnissen ein kohärentes Weltbild abzuleiten.

Das Buch wendet sich daher an Leser, die in Sachen Weltbild, Religion und Glaube noch suchend, offen und aufgeschlossen sind.

In diesem Sinne hoffe ich, mit meinen Betrachtungen hilfreich zu sein, und wünsche eine fruchtbare Lektüre.

Arno Rentsch,   Kelkheim, Oktober 2011

Einführung

Das Buch von Richard Dawkins „Der Gotteswahn" hat in die Diskussion um Religion, Fundamentalismus und Atheismus wie eine Bombe eingeschlagen. Die heftigen Reaktionen der Theisten zeigen, dass die Geschichte keineswegs über den Atheismus hinweggegangen ist, wie der Philosoph Christoph Türcke in seinem Buch „Religionswende" behauptet. Vielmehr ist es so, dass dem aufgeklärten Atheismus ständig neue harte Fakten aus den verschiedensten Wissensgebieten zufließen und ihn damit stützen, während die Theologen mit ihren archaischen, statischen Weltbildern bei gebildeten Menschen immer mehr an Akzeptanz verlieren.

Der Zulauf bei religiösen Fundamentalisten und Esoterikern, aber auch bei einigen etablierten Konfessionen, speist sich vor allem aus emotionalen Bedürfnissen nach Spiritualität und Ritualen und der Sehnsucht nach einem „heilen" Welt- und Menschenbild, das die Fragen nach dem woher und wohin sowie dem Sinn des Lebens einfach beantwortet. Die Zeiten, in denen die Religionen unbestritten ein Monopol auf die Erklärung der Welt hatten, sind aber längst vorbei. Der Paradigmenwechsel zur wissenschaftlichen Erklärung der Welt ist zwar seit Kopernikus, Galilei, Kant, Darwin, Einstein, Freud und unzähliger anderer Forscher und Denker theoretisch vollzogen, in den Köpfen vieler Menschen aber noch nicht angekommen. Es ist eben unerhört anspruchsvoll, das sehr komplexe Weltbild der Naturwissenschaft nachzuvollziehen und sich darin wieder zu finden.

Wer sich jedoch auf dieses Abenteuer einlässt, wird überreich beschenkt, denn nur so kann ein tieferes Verständnis der Natur und ihrer wunderbaren Gesetze, angefangen von der Entstehung der Elemente im Kosmos über die unglaublich komplexen Mechanismen der Evolution bis hin zur Funktionsweise unseres Gehirns, wachsen.

Dabei konstituiert sich ein kohärentes Weltbild, in dem die beobachtbaren Phänomene erklärbar werden und eben nicht dem Wirken eines imaginären Schöpfergottes zuzuschreiben sind.

Dieses Weltbild hat die Offenheit für Entwicklungen, die sich aufgrund der Naturgesetze und der jeweiligen Umweltbedingungen ergeben. Diese Offenheit des Systems ist ein grundsätzlicher Unterschied zu den deterministisch geschlossenen Systemen der Religionen, die von einem Schöpfungsplan ausgehen.

Die Ehrfurcht und das Staunen über die wunderbare Schöpfung, deren Ursprung ein großes Mysterium bleiben wird, ist ungleich größer als wenn man an einen Schöpfergott glaubt, der a priori existiert haben soll.

Ein weiterer wesentlicher Aspekt ist die Frage der moralischen Glaubwürdigkeit von Religionen. Bilanziert man die Ergebnisse religiös motivierter Aktionen in der Geschichte seit der Bronzezeit, kommt man zu sehr negativen Resultaten. Bei aller Ambivalenz zwischen Anspruch und Wirklichkeit dominierte doch immer die dunkle Seite der Religion in Form von Diskriminierung, Ausbeutung und Vernichtung des Fremden.

Es sei daran erinnert, dass die Freiheits- und Menschenrechte erst nach einem langen Kampf gegen den erbitterten Widerstand von Krone und Altar durchgesetzt werden konnten.

Nur eine unkonfessionelle, humanistische Gesinnung, gepaart mit umfassendem Wissen kann in einer globalisierten Welt der gemeinsame Nenner sein, um Gerechtigkeit und Frieden zu verwirklichen und die Schöpfung vor der Vernichtung zu bewahren.

In den nachfolgenden Kapiteln habe ich versucht, die wesentlichen Aspekte von Religion und Religionskritik objektiv darzustellen, Thesen daraus abzuleiten und diese mit Fakten und Zitaten zu belegen.

Das Erfolgsgeheimnis der Religionen

Religion war eine der genialsten Erfindungen der frühen Menschheit. Auch heute noch gibt es keine Völker oder Ethnien ohne eine Religion. Auch wenn Religionen untergehen (meist zusammen mit ihren Anhängern) oder abgelöst werden durch andere (meist die der Sieger), bleibt doch kein Vakuum zurück. Offensichtlich gibt es in allen Religionen Konstanten, die für das Individuum sinnstiftend und für die Gesellschaft sozialisierend wirken und damit unverzichtbar sind. Zu diesen Konstanten gehören folgende Eigenschaften:

1. Die Religion gibt den Menschen seit alters her Erklärungen zum Ursprung der Welt und dem Sinn des Daseins. Solange diese Thesen nicht hinterfragbar waren, galten sie im jeweiligen Kulturkreis als unbestreitbar und selbstverständlich.
2. Die Religion stiftet gesellschaftlichen Zusammenhalt nach innen und außen und bildet daher ein Identifikationsmerkmal für die jeweilige Kulturgemeinschaft.
3. Die Religion motiviert die Menschen zur Befolgung ihrer Gebote und ermöglicht so Sinnstiftung, Anerkennung und Aufstieg ihrer Anhänger.
4. Die Religion befriedigt die tief sitzenden psychischen Bedürfnisse nach Geborgenheit in der Welt und in der Gemeinschaft und stärkt auf diese Weise die Lebenskraft ihrer Anhänger.
5. Die Religion tröstet die Menschen bei Schicksalsschlägen und vermittelt Hoffnung auch nach dem Tod.

Obige Aufzählung der sehr umfassenden Stellung von Religion zeigt, wie schwer es Kritiker haben, dem etwas Adäquates entgegen zu setzen. Erst seit dem Zeitalter der Entdeckungen und der Aufklärung sowie der selbst verschuldeten Kirchenspaltung begann in Europa der Niedergang des Christentums, der bis heute andauert.

Der Islam hat in seiner Blütezeit eine ungeheure Kulturblüte hervorgebracht. Europa verdankt dem Islam die Wiederentdeckung der Antike, viele Kenntnisse aus Wissenschaft, Medizin und Hygiene sowie den Toleranzgedanken gegenüber anderen Religionen.

Leider ist der Islam nach seinem Siegeszug erstarrt und in seiner heutigen Form kein Erfolgsmodell mehr. Eine Aufklärung ist längst überfällig, aber wegen dogmatischer Versteinerung kaum vorstellbar.

Auch das Judentum als älteste der monotheistischen Religionen hat zwar bis heute überlebt, aber um welchen Preis? Auch diese Religion ist ein geschlossenes System und als solches nicht reformierbar.

Die asiatischen Religionen (Hinduismus und Buddhismus) sind von ihren Prinzipien her mit einer auf Freiheit und Gleichheit basierenden Wissensgesellschaft nicht mehr vereinbar. Die im Hinduismus verankerten Klassenschranken und der latente Extremismus sowie die Weltfremdheit des Buddhismus sind Anachronismen, die keine Akzeptanz mehr beanspruchen können.

Das Fazit aus heutiger Sicht ist, dass die Erfolgsgeschichte der Religionen zu Ende ist. Doch was kommt danach?

Das entstehende Vakuum muss gefüllt werden mit einem Bewusstsein und einer ethischen Gesinnung, die dem heutigen Wissen und den Anforderungen einer globalisierten Welt mit ihren mannigfaltigen Problemen entsprechen. Das ist die Herausforderung!

Religion, ein Phänomen der Evolution

Alle Glaubensvorstellungen resultieren aus der Projektion von individuellen und gesellschaftlichen Daseinsängsten. Sie haben ihren Ursprung in der Zeit der Menschwerdung, prägten die Regeln und Rituale der jeweiligen Stämme, befriedigten das tiefe Bedürfnis der Menschen nach Spiritualität und waren dadurch unverzichtbare Klammern für den Zusammenhalt der Gemeinschaft. In der Tradition über Jahrtausende wurden die verschiedenen Völker auf ihre jeweilige Religion so konditioniert, dass sie in der Regel nicht mehr in Frage gestellt wurde.

Die Verhaltensforschung liefert eine Begründung, warum Menschen aller Kulturen religiös sind:

Im Unterschied zum Tier hat der Mensch ein Bewusstsein seiner selbst und seines Daseins sowie der zeitlichen Dimensionen von Vergangenheit, Gegenwart und Zukunft. Außerdem verfügt der Mensch über ein multiples, äußerst komplexes Triebsystem, das zu einer multikausalen, hierarchischen Verhaltensweise befähigt. Das waren die Parameter, die im Unterschied zum Tier Religion begründet haben, und zwar zunächst als reine Naturreligionen. Diese waren geprägt von der Vorstellung des Ausgeliefertseins an die Mächte der Natur in vielerlei Gestalt. Zur Besänftigung dieser Naturgötter waren oft grausame Rituale üblich, die in der Gewalttätigkeit Gottes in den Schriftreligionen ihren Nachhall haben. Die Weiterentwicklung der Naturreligionen zu einem Pantheon diverser Spezialgötter und ausgefeilten Ritualen durch Sumerer, Babylonier, Ägypter, Griechen, Römer u. a. ist eine sehr späte, mit der Sesshaftigkeit der Menschen verbundene, Kulturleistung, die kennzeichnend ist für differenzierte, arbeitsteilige, hierarchische Gesellschaften.

Die These, dass Moral, Ethik, Altruismus etc. nur göttlichen Ursprungs sein können, und somit ein indirekter Gottesbeweis sind, ignoriert die Hintergründe von Trieben und Wille beim Menschen. Zu den angeborenen Trieben und den Schlüsselreizen (den angeborenen auslösenden Mechanismen) gehören komplementär schon beim höheren Tier auch die Triebhemmungen, die eine wichtige Funktion für das Überleben haben, und beim Menschen letztlich zur Moral geführt haben. Diese Zusammenhänge hat der Verhaltensforscher Paul Leyhausen in dem gemeinsam mit Konrad Lorenz publizierten Buch „Antriebe tierischen und menschlichen Verhaltens" sehr einleuchtend beschrieben.

In vorwissenschaftlicher Zeit war der Mensch aus eigener Kraft nicht in der Lage, sich ein unabhängiges Bild über die Welt zu machen. Er war angewiesen auf das, was die herrschende Schicht vorgab und praktizierte. Nach dem Motto „wer nichts weiß muss alles glauben" pflegten die Eliten ihr Wissen als Geheimnis und Tabu für alle Außenstehenden.

Die verschiedenen Glaubensvorstellungen verraten ihre Entstehung als Erfindungen von Menschen durch die Vermenschlichung von Strukturen und Inhalten. Im Christentum z. B. „Gottvater", „Menschenkinder", „Erbsünde", „Jüngstes Gericht", „Macht des Bösen", „Ablass", etc.

Die jeweilige Religion eines Kulturkreises wird auch heute noch als etwas Ewiges betrachtet, das für alle Zukunft bleibt. Wie die Geschichte zeigt, gehen Religionen jedoch mit ihrer Kultur unter und werden durch eine dominantere ersetzt, auch wenn das manchmal viele Jahrhunderte oder gar Jahrtausende dauert (Ägypter, Griechen, Römer, Mayas, Inkas etc.).

Das jüngste Glied in dieser Kette ist die Bahai-Religion (Näheres siehe Seite 42). Sie ist weitestgehend frei von historischen Irrtümern und vertritt einen integrativen Ansatz zur Einheit der Menschheit und der Religionen. In sofern treffen die Kritikpunkte nur eingeschränkt auf sie zu.

Richard Dawkins weist in seinem Buch auf soziale und psychologische Befunde zur Religiosität hin, die hier sinngemäß zitiert werden sollen:

- Studien haben ergeben, dass zwischen Religiosität und Intelligenz eine negative Korrelation besteht. Das heißt, besser gebildete Menschen sind weniger religiös.

- Weiterhin besteht eine negative Korrelation zwischen Religiosität und Interesse an Naturwissenschaften und deutlich liberalen politischen Einstellungen. Religion fördert demnach autoritäre, totalitäre Einstellungen, wie man am Extrem der jüdischen, christlichen und islamischen Fundamentalisten beobachten kann: die Evolutionslehre wird abgelehnt, Frauen wird die Gleichberechtigung verweigert, der Pluralismus und die Toleranz gegen Andersdenkende sollen durch Gesetzesänderungen abgeschafft werden, die Schonung der Umwelt wird göttlicher Willkür überlassen etc.

- Zwischen der eigenen Religiosität und der der Eltern besteht eine stark positive Korrelation. Frühkindliche Indoktrination führt demnach zu einer nachhaltigen Prägung, die später nur schwer objektiv hinterfragbar wird. Eine Studie bei britischen Kindern ergab, dass sich nur jedes 12. Kind von der Religion seiner Eltern emanzipieren konnte bzw. wollte.

- Entwicklungsgeschichtlich wurzelt die Religion u. a. in der Weitergabe positiver Erfahrungen von Erwachsenen an die junge Generation. Der Rat der Erwachsenen an Kinder, nicht im Fluss mit den Krokodilen zu spielen bzw. nicht bei Rot über die Straße zu laufen, erspart böse Erfahrungen und privilegiert Erwachsene als selbstverständliche gute Ratgeber.

So werden auch religiöse Anweisungen lange kritiklos als gut und wahr akzeptiert, denn ein Kind kann nichts wirklich hinterfragen. Es wird evolutionär geprägt, erst einmal alles als gut und richtig anzunehmen und so auch anfällig für Manipulationen im Weltbild und Wertesystem.

- In archaischen Stammesgesellschaften, die das Verhalten der Menschheit dominant geprägt haben, hat sich dieses System der „weisen Erwachsenen" als unschlagbar erwiesen. Erst durch die

Hinterfragbarkeit der Autoritäten durch unabhängige und objektive Wissenschaft war ein Paradigmenwechsel unumgänglich, der den Erwachsenen einen Erklärungszwang auferlegt.
- Die Disposition für Religion resultiert u. a. auch aus der Erfahrung, dass eine irrationale, starke Überzeugung vor geistigem Wankelmut und Unsicherheit schützt. Es ist eben manchmal besser, an einer fragwürdigen Überzeugung festzuhalten als immer wieder alles in Frage zu stellen und nicht zur Aktion zu kommen. Diese psychische Disposition hat sich im Laufe der Menschheitsgeschichte bewährt und wird deshalb gern bevorzugt, auch wenn in bestimmten Fällen (z. B. beim Glaube) vieles dagegen spricht. Menschen neigen dazu, bewusst nur das zu sehen, was sie sehen wollen. Hierzu passt ein Zitat von Julius Cäsar: „Die Menschen glauben das, was sie sich wünschen". So ist es vor allem der Glaube an die Unsterblichkeit, die das Wunschdenken bedient.
- Religion kann trösten und sogar heilen, was aber kein Beweis für ihre Wahrheit ist, sondern nur für die Kraft des Glaubens, an was auch immer. Von dieser Placebowirkung lebten Medizinmänner und Schamanen und heute die Pharma-Industrie.

Die Annahme, jemand anderes als ich selbst (nämlich ein Gott) habe die Aufgabe, unserem Leben Sinn zu geben, hat etwas Naives, denn es werden dann alle Ereignisse diesem Sinngeber zugeschrieben. Das widerspricht allen Erkenntnissen über die Mechanismen der Evolution und bedeutet für den Menschen, dass er dem unergründlichen Plan Gottes ausgeliefert ist. Wo bleibt da die Freiheit?
Die aufgeklärte Einstellung ist eine andere: unser Leben ist so sinnvoll, so ausgefüllt und so großartig, wie wir es im Rahmen unserer Möglichkeiten selbst gestalten.
Die Zeiten blinden Glaubens sind endgültig vorbei, zumindest in aufgeklärten, gebildeten Gesellschaften. Vor allem religiöse Fanatiker provoziert das zu Amokläufen gegen den Zeitgeist.
Da hilft auch nicht die Berufung auf angeblich religiöse Wissenschaftler. Die Realität sieht anders aus:

- Bis in das 19. Jh. hinein bezeichneten sich fast alle großen Wissenschaftler als gläubig bzw. religiös, auch wenn sie es im Inneren nicht waren. Dies resultierte aus dem ungeheuren gesellschaftlichen Zwang, dem sich alle beugen mussten, wenn sie ihre Stellung nicht verlieren oder gar in die Verbannung geschickt werden wollten.

- Ein weiter Grund für Schweigen war, dass bis ins 20. Jh. selbst die hervorragendsten Wissenschaftler die Schöpfung nicht ganzheitlich wissenschaftlich erklären konnten: Man wusste weder wie der Kosmos aufgebaut ist (was Sterne sind, woher die Sonne ihre Energie bezieht, dass es eine Unzahl von Galaxien gibt etc.), noch, wie Vererbung auf der Zellebene funktioniert (von Genetik hatte man keine Ahnung) und wie es im Mikrokosmos aussieht. Den Wissenschaftlern bis zum 19./Anfang 20. Jh., die noch theistischen Vorstellungen anhingen (Beispiel Faraday und Maxwell), ist deshalb kein Vorwurf des Widerspruchs zu ihren Forschungen zu machen.

- Erst mit dem gewaltigen Erkenntniszuwachs im 20. Jh. durch Vervollkommnung der wissenschaftlichen Geräte und Verfahren sowie der Informationstechnologie hat sich ein ganzheitliches wissenschaftliches Weltbild etablieren können, das in sich stimmig ist und die derzeit plausibelsten Erklärungen für die Welt im Kleinsten bis zum Kosmos liefert.

Seitdem ist die Deutungshoheit der Kirche über die Schöpfung gebrochen, und die Forscher können sich zu ihrem Weltbild (pantheistisch, agnostisch oder atheistisch) bekennen, auch wenn das religiöse und politische Establishment dies noch immer missbilligt (die unheilige Allianz von Krone und Altar wirkt hier immer noch nach). Die Recherchen von Dawkins seien hier zitiert:

- Bei diskreten Umfragen kam heraus, dass sich von den bisherigen Nobelpreisträgern (mehrere 100 Personen) kaum einer als Theist bekennt.

- Selbst im religiös „verseuchten" Amerika sind von den als sehr hoch qualifiziert geltenden Wissenschaftlern (den Mitgliedern der Academy of Sciences") nur 7 % Theisten. Damit stehen sie gegen 90

% der anderen Amerikaner, die an ein übernatürliches Wesen glauben.

- Eine Befragung der Mitglieder der „Royal Society" in England ergab nahezu identische Werte wie bei der Academy of Sciences in den USA. Interessant ist, dass der Anteil der Biologen, die sich zum Atheismus bekennen, etwas höher ist als bei den Physikern. Man kann das so interpretieren: je mehr einer von der Evolution versteht, desto mehr tendiert er zum Atheismus.

Im Lauf der Kulturgeschichte haben sich verschiedene Gotteshypothesen herausgebildet (sofern nicht anders gekennzeichnet, wurden die Definitionen von Dawkins übernommen):

Theismus allgemein
Es gibt eine übermenschliche, übernatürliche Intelligenz, die das Universum und alles, was darin ist, einschließlich unserer selbst, absichtlich gestaltet und erschaffen hat.

Ein Theist glaubt an eine übernatürliche Intelligenz, die das Universum erschaffen hat und die immer noch gegenwärtig ist, um das weitere Schicksal ihrer ursprünglichen Schöpfung zu beaufsichtigen und zu beeinflussen. Dieser Gott ist eng in die Angelegenheiten der Menschen eingebunden. Er erhört Gebete, vergibt oder bestraft Sünden, greift durch das Vollbringen von Wundern in die Welt ein, zürnt über gute oder schlechte Taten und weiß, wann wir sie begehen oder auch nur daran denken, sie zu begehen.

Christentum
Der biblische Gott ist nach christlicher Auffassung die Verkörperung des höchsten und letztverbindlichen ethischen Maßstabs.

In der Einheit der Gottheit sind 3 Personen: der Vater, der Sohn und der Heilige Geist. Diese 3 Personen sind wirklich voneinander unterschiedlich. Mit den Worten des Athanasischen Glaubensbekenntnisses: So ist der Vater Gott, der Sohn Gott, der Heilige Geist Gott. Und doch sind es nicht 3 Götter, sondern ein Gott (Catholic Encyclopedia).

Maria hat als „Himmelskönigin" den de facto-Status einer Göttin. Die 5120 Heiligen, die ebenfalls angebetet werden und übernatürliche Fähigkeiten haben, sind wie Halbgötter mit ihren Spezialgebieten, auf denen sie in das Leben der Menschen eingreifen können.

Deismus

Ein Deist glaubt an eine übernatürliche kosmische Intelligenz, deren Tätigkeit sich darauf beschränkt, die Gesetze aufzustellen, denen das Universum unterliegt. Der deistische Gott greift später nie mehr ein und interessiert sich nicht für die Angelegenheiten der Menschen. Der Gott der Deisten erhört keine Gebete, interessiert sich nicht für die Sünden oder Beichten, liest nicht unsere Gedanken und vollbringt keine Wunder.

Polytheismus (nach Rentsch)

Historisch gesehen ist der Polytheismus die älteste Religionsform. Er ist in nahezu allen Naturreligionen und in den frühen Hochkulturen selbstverständlich gewesen. Der Grund liegt darin, dass die Menschen den verschiedenen Naturgewalten entsprechende Götter zugeordnet haben, die in einem hierarchischen System mit unterschiedlicher Machtfülle ausgestattet waren.

Heute ist der Polytheismus vor allem im Hinduismus präsent. Einige Hauptgötter, wie Krishna, Vishnu und Shiva sowie unzählige weitere Götter bilden das Pantheon der Hindus, ähnlich wie in der Antike das Pantheon der Griechen und Römer.

Pantheismus

Pantheisten glauben überhaupt nicht an einen übernatürlichen Gott, sondern benutzen das Wort Gott als metaphorisches oder poetisches Synonym für die Natur, das Universum oder die Gesetzmäßigkeiten, nach denen es funktioniert.

Agnostizismus

Es gibt zwei Arten von Agnostizismus:

Erstens den vorübergehenden pragmatischen Agnostizismus (VPA), der ein legitimes Abwarten auf eine für möglich gehaltene Antwort in der Zukunft bedeutet.

Zweitens den prinzipiellen permanenten Agnostizismus (PPA), der davon ausgeht, dass auf die gestellte Frage keine Antwort möglich ist, da sie außerhalb des für Beweise zugänglichen Bereiches liegt.

Der Agnostizismus hinsichtlich der Existenz Gottes gehört eindeutig in die VPA-Kategorie, denn das ist eine wissenschaftliche Frage, weil sie anhand von Wahrscheinlichkeitsbetrachtungen untersucht werden kann. Schon heute ist die Wahrscheinlichkeit für die Existenz Gottes viel geringer als 50%.

Der gleichgültige Agnostizismus (nach Rentsch)

Agnostizismus ist ein eleganter Ausweg, sich nicht festlegen zu müssen. Oft kommt er als unwissend, oberflächlich und gleichgültig daher. Wenn nichts hinterfragt wird oder alles egal ist, macht Forschung und Diskussion um letzte Fragen keinen Sinn.

Der tiefsinnige Agnostizismus (nach Rentsch)

Wenn Agnostizismus auf tiefgründigen Erkenntnissen und Empfindungen basiert, ist er eine adäquate Geisteshaltung, denn er hält die letzten Fragen, die niemand beantworten kann, offen.

Das Weltbild der Religionen

In jeder Religion maßen sich ihre Protagonisten die alleinige Deutungshoheit über die Erklärung der Welt und den Sinn des Daseins an. Dies wird mit dogmatischen, traditionellen und rein subjektiven Thesen autoritär vertreten.

Das konnte nur solange gut gehen, wie es keine begründbaren Gegenthesen gab.

Seit dem Zeitalter der Aufklärung und dem bis heute von unzähligen Forschern und Denkern angehäuften Wissen über Kosmologie, Naturwissenschaften, Evolution und die Natur des Menschen gibt es jetzt eine riesige Anzahl einander ergänzender und bestätigender Gegenthesen, die das religiöse Selbstverständnis des Menschen als Krone der Schöpfung in Frage stellen.

Der Evolutionsbiologe Richard Dawkins entzaubert in seinem Bahn brechenden Werk „Der Gotteswahn" das selbstgefällige anachronistische und intolerante System der Religionen und führt dieses in vielerlei Hinsicht ad absurdum.

Unser heutiges Bild der Welt mit den unvorstellbaren Dimensionen von Raum und Zeit sowie den Prozessen von Sternentstehung und Sternentod reduziert die Erde mit ihren Geschöpfen zu einem extrem seltenen, wunderbaren Nischenprodukt mit äußerst kurzer Lebensdauer seiner Biosphäre.

Entgegen den Thesen der Religionen, dass der Mensch das eigentliche Ziel der Schöpfung sei und durch einen göttlichen Beschluss plötzlich in die Welt gesetzt wurde, ist unter seriösen Wissenschaftlern alle Couleur unbestritten, dass der Mensch ein eher zufälliges, sehr junges Produkt einer unglaublich langen und komplizierten Evolution ist.

Folgende Erkenntnisse mögen das verdeutlichen:

Die Evolutionsbiologen sind sich einig, dass die Evolution (bzw. die Natur, die Schöpfung) kein Ziel hat, sondern dass Pflanzen und Tiere bis hin zu Primaten sich nur so entwickeln können, wie es die jeweiligen Umweltbedingungen zulassen. Die Vielfalt der

16

Lebewesen zeigt genau diese Anpassung an unendlich viele Lebensräume. Ändern sich die Umweltbedingungen, können sich bei Lebewesen auch Organe und Verhalten wieder ändern, um sich dem veränderten Lebensraum mit ökonomisch optimiertem Energieaufwand anzupassen.

Ein Beispiel ist die Rückbildung von Augen bei Krebsen und Kriechtieren, die ihren Lebensraum in dunkle Höhlen verlegt haben.

Verändern sich die Umweltbedingungen zu schnell oder zu drastisch, kommt es zum Aussterben einzelner Arten oder gar zum Massensterben vieler Arten, was in der Erdgeschichte häufiger vorgekommen ist. Dadurch öffnen sich manchmal auch Nischen für neue Arten, wie z. B. die Vorfahren der Primaten, nachdem die herrschenden Saurier einer kosmischen Katastrophe zum Opfer gefallen waren.

Die Evolution hat nach Erkenntnissen der Verhaltensforschung sogar schon lange vor dem Erscheinen des Menschen ethische Verhaltensweisen hervorgebracht, um das Überleben sozial lebender Tiere zu optimieren. Dazu hat die Natur den Altruismus auf Gegenseitigkeit erfunden, um einen Ausweg aus der Asymmetrie von Bedürfnissen und Fähigkeiten zu deren Befriedigung zu finden:

Der Hirnforscher Antonio Damasio vertritt die These, dass komplexes Sozialverhalten schon bei Insekten und Nichtprimaten durch angeborene neuronale Strukturen gesteuert wird. Bei Säugetieren weist er an etlichen Beispielen eine Fülle komplexer sozialer Verhaltensweisen nach, die auf eine ethische Struktur hindeuten und die Grundlage für die vom Menschen verwendeten ethischen Verhaltensweisen sind. Zur Veranschaulichung seien folgende Beispiele sinngemäß zitiert:
- Schon bei höheren Wirbeltieren, wie Erdmännchen, Nacktmullen und Murmeltieren ist ein sorgender Altruismus Grundlage für das Überleben der Gruppe und damit der Art. Die Tiere dieser Gemeinschaften sind genetisch eng verwandt. Im Genom sind daher die lebenserhaltenden Eigenschaften des Individuums an die Überlebensfähigkeit der Gruppe gekoppelt.

- Das geht sogar so weit, dass z. B. Vampirfledermäuse lernen, bei welchen Artgenossen sie darauf vertrauen können, dass „Schulden" (in Form von hoch gewürgtem Blut in einer Mangelsituation) bei Bedarf zurückgezahlt werden, und bei welchen Artgenossen dieses nicht erwartet werden kann. Schon hier ist das Prinzip „wie du mir, so ich dir" verwirklicht und konkurriert mit dem Prinzip „mit mir nicht".

- Bei Graudrosslingen, einer in Gruppen lebenden Vogelart, wurde beobachtet, dass altruistisches Verhalten, wie das Füttern von Artgenossen oder Wächteraufgaben, angestrebt wird, um sich als stark und attraktiv darzustellen und so eine Führungsposition oder privilegierte Partnerschaft anzustreben. Das erinnert doch stark an menschliche Verhaltensweisen.

Die Natur spielt hier bereits mit dem Baukasten der mathematischen Spieltheorie, um Optimierungsstrategien zu erproben, die sich dann in den Verhaltensweisen der Tiere niederschlagen.

- Es gibt auch Beispiele, wo enge wechselseitige Unterstützung erfolgt, obwohl die Gene völlig verschieden sind, und zwar bei symbiotischen Gemeinschaften, wie Anemone und Clownfisch, Grundel und Krebs, Putzerfische und Raubfische, Büffel und Madenhacker, Honiganzeiger (ein Vogel, der Bienennester aufspürt und anzeigt) und Bienendachs (der diesem Hinweis folgt und das Bienennest aufbricht, wobei für den Vogel auch etwas abfällt), Ameisen und Zuckerläuse etc.

Die These, Ethik habe ihre Wurzel in der Religion, wird zwar von Verfechtern der Religion gern propagiert, ist aber schon wegen der obigen Beispiele aus der Verhaltensforschung bei Nicht-Primaten sehr anzuzweifeln. Betrachtet man das weitaus differenziertere Verhalten von Primaten-Gesellschaften, fällt diese These ganz zusammen. Was wir Ethik nennen, ist dort gesellschaftliche Verhaltensnorm, die ein friedliches Zusammenleben der Individuen gewährleistet. Mit Kampf und Egoismus allein wären solche Gruppen niemals überlebensfähig. Handel und Informationsaustausch haben bei Hominiden das Spektrum der

Interaktionen zwischen den Stämmen erweitert und ein Bewusstsein dafür geschaffen, was man damit erreichen kann. Wie schwer sich aber selbst hoch zivilisierte Gesellschaften damit tun, diese Ethik uneigennützig auf konkurrierende Gruppen (Völker, Ethnien, Religionsgemeinschaften) anzuwenden, zeigen die zahllosen Kriege seit Bestehen der Menschheit bis heute.

Dass Ethik unabhängig von Religion ist, zeigen auch Studien, bei denen Gläubige und Atheisten zu ethischen Problemfällen befragt wurden. Hier gab es keine signifikanten Unterschiede. Offensichtlich ist das natürliche Empfinden stammesgeschichtlich genetisch so fest verankert, dass auch Religion nichts daran ändert, es sei denn, durch Gewalt und Indoktrination (an beidem hat es nie gemangelt, konnte aber auf Dauer das natürliche Empfinden nicht besiegen).

Das Fazit dieser Erkenntnisse ist, dass wir keinen Gott und keine Religion brauchen, um zu wissen, was gut oder böse ist. Im Gegenteil: Wir verdanken der Aufklärung die endgültige Befreiung von Bevormundung durch Religion und den Gewinn von Freiheit, Toleranz und Menschenwürde als unveräußerliche Bestandteile von Menschenrechten.

Mit einem göttlichen Schöpfungsplan sind all diese Entwicklungen im Lauf der Geschichte des Lebens völlig unvereinbar.

Die Vertreter einer göttlichen Schöpfung bzw. eines „Intelligent Design" (ID) behaupten, dass die Komplexität z. B. von hoch entwickelten Lebewesen, nur durch einen einzigen ursprünglichen Schöpfungsakt möglich gewesen sei, da sich so unendlich komplizierte Gebilde nicht durch Zufall aus primitiven Vorstufen entwickeln könnten.

Tatsache ist jedoch, dass es keine Beispiele für nicht reduzierbare Komplexität gibt. Die Evolutionsforschung hat nachgewiesen, dass sich durch Mutation, Selektion und Optimierungsmechanismen der Selbstorganisation durchaus neue und komplexe Arten aus einfachen Vorstufen entwickeln können. Hier wirkt kein blinder Zufall (dieser könnte in der Tat keine neuen Arten generieren), sondern ein Konzert biologischer Mechanismen, dirigiert von vielen miteinander wechselwirkenden und von der Umwelt beeinflussten Kräften.

Die Vertreter des ID verweisen gern auf Lücken im System der Evolutionsforschung und platzieren Gott als Gestalter dort hinein. Wird eine Lücke durch Befunde verkleinert, entdecken die Kreationisten links und rechts von dem neuen Befund jetzt 2 Lücken anstelle neuer Erkenntnisse. Diese Leute sind außerstande oder nicht willens, wissenschaftlich-systematisch zu denken und zu argumentieren. Sie akzeptieren keine neuen Erkenntnisse sondern verweisen nur immer wieder auf noch ungeklärte Fragen. Dass sich die bisherigen Erkenntnisse längst zu einem wunderbaren Bild der Schöpfungsgeschichte zusammenfügen, wollen sie nicht sehen.

Fragt man die Protagonisten des ID, wer eigentlich ihren Schöpfer, also etwas viel Unwahrscheinlicheres als die als unwahrscheinlich bezeichnete Evolution, geschöpft hat, bekommt man keine plausible Antwort, denn die kann es wegen der unendlichen Regression dieser Frage auch nicht geben.

Das in der gesamten Schöpfung wirksame Kausalitätsprinzip (keine Wirkung ohne Ursache) sowie die physikalischen Erhaltungssätze (für Energie, Impuls etc.) verbieten Phänomene wie Wunder, Jungfrauengeburt, Auferstehung etc.

Wer weiß, wie Evolution funktioniert, versteht sofort, dass ein Leben nach dem Tod keinen Sinn macht, denn die durch geschlechtliche Fortpflanzung (eine Erfindung der Evolution!) erzielbare genetische Vielfalt und Anpassungsfähigkeit ist nur um den Preis des Todes zu haben.

Moslems und fundamentale Christen leugnen noch heute die Evolution als Erklärung der in der Natur ablaufenden Vorgänge. Diese Wissenschaftsfeindlichkeit verhindert Bildung und Forschung als einzig mögliche Wege, die Natur ganzheitlich zu verstehen und in ihr (nicht gegen die Natur) nach Lösungen für die brennenden Probleme der Menschheit zu suchen.

Ein beliebtes Argument der Theisten gegen ihre Kritiker ist der Verweis auf die angeblich getrennten Bereiche von Religion und Wissenschaft. Für diese These wurde der Ausdruck „NOMA" geprägt (non-overlapping magisteria).

Die These der NOMA-Anhänger, dass die Naturwissenschaft kein Urteil darüber abgeben kann, ob Gott die Natur beaufsichtigt, ist durch nichts zu begründen, sondern stellt eine reine Schutzbehauptung dar, um das Dogma eines Schöpfergottes zu retten.

Die Theologen haben keinerlei Fachkenntnisse, die über das hinausgehen, was Naturwissenschaftler über den Kosmos wissen. Was Naturwissenschaftler nicht wissen, bleibt den Theologen erst recht verborgen.

Weil die Theologie kein wirkliches Wissen über die Welt und ihre Geschöpfe aufweisen kann, besitzt sie auch kein Recht, den Menschen moralische Vorschriften zu erteilen. Zudem sind diese Vorschriften vielfach menschenfeindlich, weil sie absolut und intolerant sind und daher unannehmbar für aufgeklärte und demokratisch gesinnte Menschen.

Dagegen muss man den Naturwissenschaften einräumen, dass sie aufgrund ihrer umfassenden Naturerkenntnisse die verschiedenen Gotteshypothesen auf ihre Plausibilität und Wahrscheinlichkeit gegenüber der wissenschaftlichen Erklärung der Schöpfung durch Evolution, viel zuverlässiger beurteilen kann als jeder Theologe.

Aus wissenschaftlicher Sicht ist ein Universum mit einem übernatürlichen, intelligenten Schöpfer etwas ganz anderes als ein Universum ohne diesen. Dies zeigt sich z. B. darin, ob man den im gesamten Universum gültigen Naturgesetzen erlaubt, für einzelne Wundertaten oder Gebete auf dem Staubkorn Erde räumlich und zeitlich begrenzt außer Kraft zu treten. In dem von uns beobachtbaren Universum ist dies jedoch nicht erlaubt, denn die Verknüpfung der Fundamentalkräfte der Natur, die Erhaltungssätze für Masse, Energie und Impuls sowie das im Makrobereich bestehende Kausalitätsprinzip von Ursache und Wirkung lassen keinen Freiraum der Gesetzlosigkeit zu.

Die Religionen haben den Menschen als Ziel der Schöpfung verabsolutiert und die übrigen Natur dagegen sträflich vernachlässigt. Die Vernichtung von Pflanzen, Tieren, „Untermenschen" und Lebensräumen wurde unter dem Postulat, sich die Erde Untertan zu machen, gebilligt und gefördert, statt als Bewahrer der Schöpfung dagegen vorzugehen.

Alle Religionen wie auch die großen Reiche der Antike bis heute unterliegen den gleichen Lebenszyklen von Aufstieg und Niedergang. Als geschlossene Systeme sind Religionen nicht lernfähig und unfähig zur Selbstkritik und Korrektur in existentiellen Fragen. Es ist daher nur eine Frage der Zeit, wann sie erodieren, sich zersplittern, gegenseitig bekämpfen und untergehen. Beim Blick auf die Geschichte des Christentums wird deutlich, dass der Zerfall schon wenige Jahrhunderte nach ihrer Entstehung begonnen hat. Die ungeheuren Verbrechen, Irrtümer und Auswüchse von Fanatismus diskreditieren das Christentum bis heute. Über 1000 christliche Splittergruppen demonstrieren den Scherbenhaufen, der über die vielen Jahrhunderte angerichtet wurde. Die Flucht in das Sektierertum unserer Tage (z. B. die Kreationisten in den USA) ist eine erschreckende Verirrung und dazu eine Gefahr für den anzustrebenden Dialog zwischen den Religionen und mit der Wissenschaft sowie für eine offene, tolerante und pluralistische Gesellschaft. Die biblische Kontrollfrage: „An ihren Früchten sollt ihr sie erkennen" würde nicht nur das Christentum, sonder auch den entarteten Islam und den menschenverachtenden Hinduismus hinwegfegen.

Das Zeitalter der Aufklärung ist an den etablierten Religionen nahezu spurlos vorbei gegangen. Vernunftgeleitete Kritik (Kant) und Humanismus (Lessing) wurden sowohl von der weltlichen Macht als auch von den Kirchenführern gefürchtet und somit scharf bekämpft. Menschen sollten Herdentiere (Schafe!) bleiben, die eines Hirten (natürlich von Krone und Altar) bedürfen, der sie führt.

Das Establishment versuchte mit allen Mitteln die Befreiungsversuche des Volkes aus ihrer Abhängigkeit zu verhindern, verlor dadurch aber umso mehr an Glaubwürdigkeit. Kirchenspaltung, Inquisition und Pogrome gegen die Juden waren das Ergebnis dieser Auseinandersetzung und haften der Kirche bis heute als schwerer Makel an.

Bis heute hält man außerdem an absurden Vorstellungen, wie Jungfrauengeburt, Dreieinigkeit, Wunderglaube, Heiligenverehrung etc. fest. Auch der Glaube an eine eigenständige „Macht des Bösen" ist heute als reiner Aberglaube zu betrachten. Es gibt nur die Abwesenheit des Guten, so wie Dunkelheit die Abwesenheit von Licht ist. Dies kann die Kirche aber nicht akzeptieren, da in diesem Fall der Gott für all das Böse verantwortlich wäre.

An dieser Stelle soll ein Theologe zu Wort kommen, der sich seit vielen Jahren um die Vereinbarkeit von Religion und Naturwissenschaft bemüht und im interdisziplinären Dialog zu der These kommt, dass sich beides widerspruchsfrei in einem Weltbild vereinen lässt. Der emeritierte Professor für Systematische Theologie an der Goethe-Universität Frankfurt am Main, Hans Kessler, präsentiert und begründet diese Auffassung in seinem Buch „Evolution und Schöpfung in neuer Sicht".

Bei allem Respekt für die Auseinandersetzung mit einer fachfremden Disziplin gelingt ihm dieser Nachweis aber nicht, denn er bemüht am Ende doch wieder die Brücke des Glaubens an einen göttlichen Schöpfungsplan, in dem für all das unermessliche Leid, das Menschen erleiden müssen, ein Ausgleich im Himmel vorgesehen ist. Mit den bekannten Prinzipien der Evolution und naturwissenschaftlichen Erkenntnissen hat ein solch naiver Glaube rein gar nichts zu tun. Dieser Widerspruch dürfte Herrn Kessler natürlich bewusst sein. Es ist daher zu vermuten, dass sein Buch den Versuch darstellt, Religion und Glaube gegen die inzwischen übermächtigen Argumente der Religionskritiker zu verteidigen und den „noch Gläubigen" Sand in die Augen zu streuen.

Solche Rettungsversuche von Anhängern der Religion für die Sache des Glaubens sind vielfach zu beobachten. Für aufgeklärte, kritische Geister kranken all diese Versuche an der grundsätzlichen Unmöglichkeit, religiöse Thesen objektiv bestätigen zu können. Theologen fehlt jede Möglichkeit, naturwissenschaftliche Thesen objektiv zu falsifizieren. Dagegen ist es Naturwissenschaftlern sehr wohl möglich, religiöse Thesen zu widerlegen, wie die Geschichte an unzähligen Beispielen gezeigt hat.

Einen Vergleich zwischen den Weltreligionen und den Theorien der Physik versucht Reinhard Starkl in seinem Buch „Naturwissenschaft und Glaubenslehren". Der abschließende Versuch einer Synthese beider Bereiche bleibt jedoch hypothetisch.

Der Machtanspruch der Religionen

Indem sich Religionen und Konfessionen gegenseitig abgrenzen und sehr oft auch ausgrenzen, spalten sie die Menschheit und verhindern gesellschaftliche sowie kulturübergreifende Solidarität und Kooperation.

Alle Bemühungen, in einen interreligiösen Dialog zu ökumenischer Zusammenarbeit zu kommen, sind schon zwischen Katholiken und Protestanten gescheitert. Ein Konsens zwischen den Weltreligionen ist ferner denn je.

Wird Identität zu eng definiert, z. B. ausschließlich religiös, dann werden die Menschen einander gefährlich.

Vor allem Judentum, Christentum und Islam beharren auf ihrem Standpunkt, die einzig wahre Religion zu sein. Diese Machtansprüche gefährden seit vielen Jahrhunderten den Weltfrieden und haben zu zahlreichen Kriegen geführt. Heute haben sich die Gegensätze so verfestigt, dass auf lange Sicht kein Friede zu erwarten ist.

Auch innerhalb der 3 oben genannten Religionen gibt es zwischen den vielen Konfessionen und Sekten tief greifende Differenzen bis hin zur totalen Ablehnung.

Der tiefere Grund für die immer wieder aufbrechende Intoleranz und Gewalttätigkeit in den monotheistischen Offenbarungsreligionen liegt in den Schriften selbst: Der anerkannte Religionswissenschaftler Franz Buggle weist in seinem Buch „Denn sie wissen nicht, was sie glauben" nach, dass die Bibel sowohl im Alten Testament als auch im Neuen Testament ein unglaubliches Gewaltpotential beinhaltet, das sich gegen alles richtet, was nicht der „Rechtgläubigkeit" entspricht (Beispiele aus der Fülle repräsentativer Bibelstellen aus AT und NT habe ich in der Anhang1 zusammengestellt).

Allein im Alten Testament gibt es über 1000! Stellen, an denen entweder Gott selbst oder sein auserwähltes Volk in seinem Namen andere Völker und alle die nicht an ihn glauben gnadenlos ausrotten. Erbarmungslos werden im Namen Gottes sogar Frauen und Kinder erschlagen und ihre Heimstätten niedergebrannt. Dieser Gott ist intolerant, eifersüchtig, herrschsüchtig, gewalttätig und gnadenlos bis in alle Ewigkeit.

Der Gott des Alten Testaments ist nach christlicher Definition aller Konfessionen derselbe wie im Neuen Testament. Deshalb kann es auch nicht verwundern, dass es auch im Neuen Testament viele Stellen gibt, an denen die Evangelisten und Paulus den Ungläubigen mit ewiger Verdammnis drohen (nach dem Index der württembergischen Bibelanstalt gibt es im NT 32 entsprechende Stellen). Höllenstrafen für Ungläubige sind auch in der evangelischen Kirche immer noch offiziell anerkannte Glaubensinhalte!

Die These, dass die Bibel human sei, und nur ihre Interpreten und Protagonisten für all die Verirrungen und Verbrechen verantwortlich seien, ist durch Buggle eindeutig widerlegt!

Der intolerante und gewalttätige Ungeist in der Bibel ist mit ethischen Aussagen untrennbar legiert und macht dieses Buch zu einem explosiven Werkzeug. Die angebliche Liebesreligion ist in der Geschichte immer wieder umgeschlagen in extreme Grausamkeit, Folter, Ausrottung, Vertreibung, Ausbeutung etc., alles immer unter Berufung auf höchsten göttlichen Willen („Gott mit uns").

Die Bibel kann wegen der untrennbaren Ambivalenz extremer Gewalt auf der einen Seite und dem Aufruf zur Nächstenliebe auf der anderen Seite keinesfalls als ethischer Wertemaßstab für eine humane Gesellschaft gelten.

Der Streit um die „richtige" Auslegung der Bibel ist so alt wie die Bibel selbst und hat schon früh zu Kirchenspaltungen geführt, die stets über die Köpfe der Beteiligten hinweg entschieden wurden.

Auch der „Augsburger Religionsfrieden", der nach den zermürbenden Kleinkriegen in der Mitte des 16. Jh. geschlossen wurde, hielt nicht lange, da keine wirkliche gegenseitige Anerkennung der unterschiedlichen Konfessionen erfolgte. Vor allem die katholischen Mächte unterliefen diesen Vertrag, indem sie die Gegenreformation anheizten. Die Gegensätze eskalierten schließlich im 30-jährigen Krieg, in dem jede Seite versuchte, die religiösen und territorialen Ansprüche mit Gewalt durchzusetzen. Erst als Mitteleuropa halb entvölkert und weitgehend verwüstet war und keine Seite den Sieg erringen konnte, lenkten die Kriegsparteien ein und es kam zum „Westfälischen Frieden", der eine Teilung der Territorien nach Maßgabe der Religion des jeweiligen Herrschers vorsah. Die religiösen Spannungen zwischen Katholiken und Protestanten schwelten jedoch weiter bis in die Gegenwart.

Erst die 300 Jahre währenden Kämpfe der Aufklärung konnten die Gewaltpotentiale der Konfessionen soweit bändigen, dass sich in Europa nach etlichen politischen Umbrüchen eine offene Gesellschaft mit religiöser Toleranz und einer auf universellen Menschenrechten basierenden Verfassung etablieren konnte.

Der in Konkurrenz zum Christentum stehende Islam versteht sich seit seiner Entstehung als letzte und höchste Offenbarungsreligion und betrachtet den Abfall vom Glauben als todeswürdiges Vergehen.

In islamischen Ländern ist schon minimale Religionskritik lebensgefährlich. Der Koran ist in dieser Hinsicht nicht besser als die Bibel, denn auch dort ist die Legierung von Gewalt und Moral untrennbar der religiösen Intoleranz unterworfen.

Da es im Islam bis heute keine Aufklärungsbewegung gegeben hat, ist er unbeweglich an seine archaische Glaubensdogmatik gefesselt, zumal es auch keine autorisierte höchste Instanz gibt, die eine zeitgemäße Auslegung der Schriften formulieren dürfte.

Die Vielfalt der Religionen

Religionen kommen und gehen mit einer bestimmten Kultur oder werden durch Eroberungen verbreitet. Viele Religionen, die längst untergegangen sind, zeigen, dass auch sie den Abläufen und Zyklen der Weltgeschichte unterworfen sind. Mit dem Untergang der Kulturen sind auch ihre Religionen und Götter verschwunden.

Die Vielfalt religiöser Vorstellungen, Religionen und Konfessionen entwertet jede einzelne von ihnen (Zitat C.F.v.Weizsäcker).

Allein über 1000 evangelische Bekenntnisse und Sekten sowie die unüberbrückbaren Differenzen zwischen Katholiken und Protestanten dokumentieren einen Scherbenhaufen, den niemand mehr zu einer Einheit fügen kann.

Da der Pluralismus von Glaubensgemeinschaften immer größer wird und quer durch viele Staaten und sogar durch Familien geht, ist der Einfluss von Religion auf gesellschaftliche Strukturen und Wertefindung sehr vieldeutig und gegensätzlich geworden.

Wenn in Religion eine fundamentale Wahrheit steckte, gäbe es längst die Einheit der Religionen, so wie es heute die Einheit der Wissenschaft gibt, statt nur empirische Physik und mittelalterliche Alchimie.

Der Durchbruch zu wissenschaftlichen, also objektiven, Erklärungsmodellen der Welt und ihrer Phänomene verdankt sich der naturwissenschaftlichen Beweisführung und fortgeschrittener Gerätschaften und Methoden zur experimentellen Überprüfung. Jede neue Entdeckung oder Theorie muss ihre Gültigkeit objektiv nachweisen und überprüfbar sein.

Einzig die Theologen bestehen darauf, dass ihre Thesen von Gott und seinem Schöpfungsplan ohne jeglichen Beweis akzeptiert werden. Sie pochen darauf, dass sie etwas wissen, was sämtlichen Wissenschaften unzugänglich ist, haben dafür aber nur dogmatische Postulate.

Viele gläubige Menschen reden so, als wäre es die Aufgabe der Skeptiker, religiöse Dogmen zu widerlegen, und nicht die der Dogmatiker, sie zu beweisen.
Das ist natürlich ein Fehler, denn von jeder nicht religiösen Hypothese werden Beweise verlangt!
Das Entscheidende am religiösen Glauben, sein dogmatischer Anspruch, ist, dass er keiner rationalen Begründung bedarf. Fragt man einen religiösen Menschen nach einer Rechtfertigung für seinen Glauben, verletzt man angeblich die Religionsfreiheit.
Von allen anderen (Wissenschaftlern, Freidenkern, Atheisten,...) dagegen wird verlangt, dass sie ihre Thesen und Erkenntnisse rational begründen - welch eine Überheblichkeit!
Die Absurdität eigener und fremdartiger religiöser Vorstellungen wird offensichtlich, wenn man die Glaubensinhalte in einer allgemeinverständlichen Sprache vergleicht. Hierzu ein besonders eindrucksvolles Beispiel, das ich aus Dawkins zitiere:

„Pascal Boyer erforschte das Volk der Fang in Kamerun. Dort wird erzählt, Zauberer hätten ein tierähnliches inneres Zusatzorgan, das nachts davonfliegt und anderer Leute Ernten zerstört oder ihr Blut vergiftet. Ferner heißt es, von Zeit zu Zeit würden sich diese Zauberer zu einem gigantischen Festmahl versammeln, bei dem sie ihre Opfer verzehren und künftige Angriffe planen. Von vielen Fang hört man auch, der Freund eines Freundes habe nachts selbst gesehen, wie die Zauberer über das Dorf hinweg flogen; dabei hätten sie auf einem Bananenblatt gesessen oder auch Zauberpfeile auf ahnungslose Opfer abgeschossen.
Dann fährt Boyer mit einer Anekdote aus seinem eigenen Leben fort:
Als ich diese und andere Merkwürdigkeiten beim Essen in einem Cambridger College erzählte, drehte sich einer unserer Gäste, ein bekannter katholischer Theologe, zu mir um und sagte: genau das macht die Ethnologie so faszinierend und zugleich so schwierig. Sie muss erklären, wie Menschen an solch einen Unsinn glauben können.

Ich war sprachlos. Bevor mir noch die richtige Erwiderung einfiel, die den Nagel auf den Kopf getroffen hätte, wurde bereits über anderes geredet. Geht man davon aus, dass besagter Theologe der Hauptrichtung der Theologie angehörte, so glaubte er wahrscheinlich an irgendeine Kombination folgender Aussagen:

- Zur Zeit unserer Vorfahren wurde ein Mann als Sohn einer Frau geboren, die Jungfrau war; ein biologischer Vater war daran nicht beteiligt.
- Derselbe vaterlose Mann sprach zu einem Freund namens Lazarus, der schon so lange tot war, dass er stank, und Lazarus erwachte sofort wieder zum Leben.
- Der vaterlose Mann selbst wurde wieder lebendig, nachdem er tot und seit drei Tagen begraben war.
- Vierzig Tage später stieg der vaterlose Mann auf einen Berg und verschwand dann mit seinem ganzen Körper im Himmel.
- Wenn man sich private Gedanken durch den Kopf gehen lässt, kann der vaterlose Mann (und auch sein »Vater«, der er selbst ist) die Gedanken hören und möglicherweise daraufhin etwas unternehmen. Gleichzeitig hört er auch die Gedanken aller anderen Menschen auf der Welt.
- Wenn man etwas Schlechtes oder etwas Gutes tut, kann der vaterlose Mann es sehen, auch wenn es sonst niemand sieht. Entsprechend werden wir belohnt oder bestraft, zum Teil auch nach unserem Tod.
- Die jungfräuliche Mutter des vaterlosen Mannes ist nicht gestorben, sondern wurde körperlich in den Himmel »aufgenommen«.
- Wenn Brot und Wein von einem Priester (der aber Hoden haben muss) gesegnet werden, »verwandeln« sie sich in Fleisch und Blut des vaterlosen Mannes.

Was würde wohl ein unvoreingenommener Anthropologe, der noch nie etwas von diesen Überzeugungen gehört hätte und zur Feldforschung nach Cambridge käme, davon halten?"

Die Widersprüchlichkeit unter den Religionen und zur Naturwissenschaft entlarvt diese Systeme als Erfindungen archaischen Denkens. Dies spiegelt sich u. a. auch in zahlreichen Zitaten bedeutender Persönlichkeiten aus Geschichte und Gegenwart wieder. Eine Auswahl solcher Zitate habe ich in Anhang 2 zusammengestellt.

Das Menschenbild der Religionen

Etwas Fundamentalistischeres als die 3 monotheistischen Religionen von Judentum, Christentum und Islam ist kaum vorstellbar: das Alte Testament ist eine haarsträubende Ansammlung von menschenfeindlichen Aufrufen zu Gewalt, Genozid und Intoleranz gegen alle, die sich dem Diktat eines wahnsinnigen Gottes nicht beugen wollen.

Die 10 Gebote galten nur für die Juden! „Du sollst nicht töten" hieß, dass man keine Juden töten soll, andere natürlich möglichst grausam und massenweise.

Auch das neue Testament setzte diese verhängnisvolle Tradition fort. Jesus wollte keine neue Religion gründen, sondern das Judentum reformieren. Die Idee, den jüdischen Gott den Heiden nahe zu bringen, kam ihm nicht in den Sinn. Das hat erst Paulus erfunden.

Was heute als christliche Moral reklamiert wird (10 Gebote, Bergpredigt etc.) war unter Jesus ausschließlich den Juden gewidmet. Das Christentum hat diesen Kreis auf ihre Anhänger ausgedehnt, alle Außenstehenden und Kritiker aber weiterhin gnadenlos ausgegrenzt und oft genug vernichtet, ganz im Sinne des alten Testaments.

Auch der Rassismus war bis in unsere Tage hinein im Christentum tief verwurzelt. Farbige aller Art sowie Juden, Zigeuner und Frauen galten als Untermenschen und wurden als minderwertig versklavt und diskriminiert.

Die Aufklärung und Säkularisation hat die Exzesse religiöser Intoleranz gestoppt und das Christentum sozialisiert. Dogmatismus in Glaubensfragen ist aber nach wie vor Essenz des Christentums trotz aller Erkenntnisse, die inzwischen ein völlig anderes Weltbild zeigen als die Religionen wahrhaben wollen.

Der Islam hat bisher keine Aufklärung erfahren. Daher bestehen dort noch extrem rigorose Regeln für seine Anhänger. So ist z. B. die Ehe zwischen einer muslimische Frau und einem nicht muslimischen Mann verboten und wird bei Zuwiderhandlung mit dem Tod des Mannes bestraft (so geschehen noch im Jahr 2000 in Pakistan).

Auch das Konvertieren vom Islam zu einer anderen Religion ist ein todeswürdiges Vergehen. 1992 wurde deswegen ein Mann in Saudi Arabien enthauptet, ein anderer noch 2006 (unter internationaler Beobachtung durch ISAF!) in Afghanistan zum Tode verurteilt. Homosexualität wurde unter den Taliban mit dem Tode bestraft.

In den USA erstarkt der christliche Fundamentalismus (vielleicht als Reaktion auf die Aggressivität des Islam) seit Jahren beängstigend an und unterwandert Politik, Wissenschaft und Gesellschaft. Sogenannte „Amerikanische Taliban" verbreiten ihre wahnwitzigen Thesen bereits auf etlichen Websites weltweit. Da wird z. B. behauptet, Aids sei nicht nur eine Strafe Gottes für den Einzelnen Sünder, sondern Gottes Strafe für die Gesellschaft, die Homosexualität duldet. Im Namen Gottes werden Abtreibungskliniken in Brand gesetzt und Ärzte ermordet. In den Schulen soll wieder die Schöpfungslehre vermittelt werden, nach der die Erde nur 6000 Jahre alt ist und alle Menschen von Adam und Eva abstammen. Und all das in einem Land, das sich als mächtigste Führungsmacht der Welt versteht.

Auch in Europa, unter dem Diktat christlicher Moral gab es bis in die 1960er Jahre Strafen für private Vergehen, wie Homosexualität. Ein erschütterndes Beispiel aus England mag das verdeutlichen: Der britische Mathematiker Alan Turing, der den deutschen Enigma-Code entschlüsselte und so maßgeblich zum schnelleren Sieg der Alliierten beitrug, beging 1954 Selbstmord, um einem Prozess gegen ihn wegen Homosexualität auszuweichen. Die verdammte bigotte Moral der Religion, die noch immer die Gesetzgebung dominierte, kannte hier weder Anerkennung noch Gnade.

Den religiösen Fundamentalismus prangert auch Richard Dawkins an. Hier einige Zitate:

„1. Fundamentalisten wissen, dass sie recht haben: Sie haben die Wahrheit in einem heiligen Buch gelesen und sind sich schon im Voraus sicher, dass nichts sie von ihrer Überzeugung abbringen wird. Die Wahrheit des heiligen Buches ist nicht das Ergebnis eines vernünftigen Denkprozesses, sondern ein Axiom. Das Buch ist wahr, und wenn die Belege ihm zu widersprechen scheinen, muss man nicht das Buch über Bord werfen, sondern die Belege.

Wenn ich als Wissenschaftler dagegen an Dinge glaube (z. B. an die Evolution), dann nicht deshalb, weil ich ein heiliges Buch gelesen hätte, sondern weil ich die Belege untersucht habe. Das ist wirklich etwas ganz anderes. An Bücher über Evolution glaubt man nicht, weil sie heilig wären, sondern weil sie eine überwältigende Fülle von belegen beschreiben, die sich gegenseitig stützen. Im Prinzip kann jeder Leser den Weg zurückverfolgen und die Belege selbst überprüfen. Wenn ein wissenschaftliches Buch unrecht hat, findet irgendwann jemand den Fehler, und in nachfolgenden Büchern wird er korrigiert. Dass so etwas bei heiligen Büchern nicht geschieht, liegt auf der Hand.

2. Die fundamentalistische Religion ist ganz wild darauf, die naturwissenschaftliche Ausbildung vieler tausend argloser, wohlmeinender, eifriger junger Köpfe zu ruinieren, indem sie Kindern schon in jungen Jahren beibringt, dass unhinterfragter Glaube eine Tugend sei.

3. Als Naturwissenschaftler stehe ich dem Fundamentalismus feindselig gegenüber, weil er das Unternehmen Wissenschaft aktiv torpediert. Er lehrt uns, unsere Meinung nicht zu ändern und kein Interesse an Dingen zu haben, die man in Erfahrung bringen könnte. Er untergräbt die Wissenschaft und schwächt den Verstand.

4. Der wahre Wissenschaftler (Atheist) mag noch so leidenschaftlich an die Evolution glauben und an die Nichtexistenz Gottes, aber er weiß genau, unter welchen Voraussetzungen er seine Meinung ändern müsste.

Die Leidenschaft der Gläubigen ist jedoch den Belegen entgegengesetzt und deshalb wahrhaft fundamentalistisch."

Die These von Religionsvertretern, dass Atheisten mehr als Gläubige dazu neigen, ethisch verwerflich zu handeln, ist eine vordergründige Schutzbehauptung. Oft werden Hitler und Stalin als solche Atheisten dargestellt, was völlig falsch ist:

Stalin war ausgebildeter orthodoxer Priester. Es gibt keine Anhaltspunkte dafür, dass Atheismus die Triebkraft für seine Verbrechen war. Vielmehr haben sich sein Verfolgungswahn und seine Machtbesessenheit ins Unermessliche gesteigert und ihn zu seinem verwerflichen Verhalten getrieben.

Auch Hitler wurde katholisch erzogen und glaubte Zeit seines Lebens an eine göttliche Vorsehung für seine „Mission". Rudolf Hess, ein ihm sehr nahe stehender NS-Führer, bezeichnete Hitler sogar als „religiösen guten Katholiken". Göring meinte, nur ein Katholik (nämlich Hitler) habe Deutschland vereinigen können (Integration des Sudetenlandes und Österreichs).

In einer Rede von 1933 sagte Hitler, er sei überzeugt, dass die Menschen den Glauben brauchten; deshalb habe er die atheistischen Bewegungen bekämpft und ausgemerzt.

1941 sagte er: „Ich werde immer Katholik bleiben". Das erklärt auch seinen Hass gegen die Juden, Sekten und Freidenker. Seinen Vernichtungsfeldzug gegen das Judentum begründete er mit dem Willen Gottes. Dies äußerte er bereits in seinem Buch „Mein Kampf" und mehrfach in öffentlichen Reden.

In Tischgesprächen äußerte sich Hitler aber auch abfällig gegenüber dem Christentum, das er als Erfindung der Juden bezeichnete.

Von offizieller Seite wurde Hitler als Katholik anerkannt. Papst Pius II weigerte sich beharrlich, Hitler wegen seiner Verbrechen gegen die Juden zu kritisieren. Kardinal Faulhaber ließ für Hitler sogar ein Te Deum lesen, um der Vorsehung dafür zu danken, dass ein Attentat 1939 im Bürgerbräukeller fehlschlug.

Die evangelischen Christen haben in Hitler sogar eine messianische Gestalt gesehen. Der überwiegende Teil der Protestanten haben als „Deutsche Christen" Hitler bejubelt und ihn in Gottesdiensten als Befreier verherrlicht.

Nach dem verlorenen Krieg und dem Bekanntwerden der ungeheuren Verbrechen haben christliche Kirchenführer hohe Nazifunktionäre immer noch gedeckt und ihnen zur Flucht verholfen.

Das Eingeständnis von völligem Versagen der Kirchen kam erst lange nach dem Krieg und mehr erzwungen als freiwillig.

Die Lehre von der Erbsünde im Christentum ist eine verheerende Irrlehre, denn sie macht alle Menschen von Natur aus schlecht und belastet ständig mit Schuldgefühlen und Minderwertigkeitskomplexen. Diese Einstellung führt zu Abhängigkeiten von selbsternannten Beichtvätern und deren Auffassung, was denn Sünde sei.

Die Korruptheit dieses Systems hat mit Luther zur Abspaltung der Protestanten geführt, was einen verheerenden 30-jährigen Krieg zur Folge hatte, der Europa wie nie zuvor verwüstete.

Gegen die Korruption und Verweltlichung der Kirchenführung regte sich schon früh innerkirchlicher Protest in Form von Ordensgründungen. Die Motivation war das Bestreben, bibeltreu, rechtgläubig und bescheiden leben zu wolle, bis hin zur Selbstaufgabe.

Die von den Orden gegründeten Klöster wurden von Bischöfen geleitet. Zwischen Papst und König bzw. Kaiser entbrannte ein heftiger Streit, wer diese Bischöfe einsetzen durfte und welche Privilegien sie erhalten sollten (Investiturstreit). Schließlich wurde im „Wormser Konkordat" von 1122 vertraglich festgelegt, dass nur der Papst die Bischöfe einsetzen durfte. Die weltlichen Herrscher erhielten das Recht, die Bischöfe mit dem Kirchenbesitz zu belehen, d. h. auch Steuern einzutreiben.

Positive Aspekte für die Allgemeinheit waren die karitativen Aktivitäten, wie z. B. die Krankenfürsorge und die Erforschung von Naturheilmitteln, wie es z. B. Hildegard von Bingen sehr erfolgreich praktiziert hat.

Die Kehrseite der Ordensbewegungen war die zunehmende Frömmelei und Intoleranz gegen alle abweichenden Meinungen. Wissenschaftliche und philosophische Literatur war fast ausnahmslos verboten. Die Hetzreden des Zisterziensers Bernhard von Clairvaux führten maßgeblich zur Anstiftung des 2. Kreuzzuges im 12. Jh.

Franziskaner und vor allem Dominikaner waren die treibenden Kräfte bei der Verfolgung angeblicher Ketzer durch Inquisitionstribunale ab dem 13. Jh.

Wurde ein Orden jedoch zu mächtig und eigenständig, wurde er vom Papst u. /o. vom weltlichen Herrscher gnadenlos ausgerottet, wie z. B. die Waldenser und Templer.

Selbst in unserer Zeit verweigert die katholische Kirche ihren Mitgliedern die vollen Menschenrechte. Frauen dürfen kein Priesteramt ausüben und Priestern ist das Zölibat vorgeschrieben.

Die Diskriminierung von Frauen zieht sich durch die Bibel wie ein roter Faden. Auch die evangelische Kirche hat sich von diesem Ballast nicht wirklich befreit, auch wenn seit wenigen Jahrzehnten Frauen Pfarrerinnen und Bischöfinnen werden können.

Im Islam gibt es keine Religionsfreiheit. Wer zu einer anderen Religion konvertieren will, wird mit dem Tode bedroht.

Frauen werden im Islam stark diskriminiert und unterdrückt. Verbannung aus der Öffentlichkeit, Schleierzwang, Zwangsverheiratung Minderjähriger und Verweigerung von Bildung sind Beispiele eklatanter Verletzungen der Menschenrechte. Die Verstümmelung junger Mädchen durch Beschneidung in islamischen Ländern Afrikas werden religiös begründet und sind skandalöse Auswüchse des Missbrauchs von Religion.

Auch Kinder werden im Islam schwer benachteiligt. Ausbeutung durch Kinderarbeit, Verkauf als Arbeitssklaven und an zahlungskräftige Freier sind keine Seltenheit.

Im Hinduismus leiden Frauen und Kinder gleichermaßen an der Dominanz und Macht der Männer. Der verheerende Brauch, Mädchen bei der Heirat eine Hohe Mitgift geben zu müssen, ruiniert viele Familien total. Aus Verzweiflung werden viele Mädchen gleich nach der Geburt getötet oder die Familien begehen Selbstmord. Eine Religion die solche Verhältnisse nicht beseitigt, ist ein Fluch für die Menschen.

Die aus einem tiefen Verständnis der Natur und den Erkenntnissen der Aufklärung resultierende Einstellung, dass der Mensch frei und gleich geboren ist und zu unglaublichen Leistungen befähigt – im

Guten, wie im Bösen – ist Voraussetzung für die Verankerung einer positiven Lebensauffassung und kann ungeahnte Potentiale freisetzen. In welche Richtung das geht, hängt von einer gelungenen humanistisch geprägten Sozialisation ab, die Mut macht, Chancen eröffnet und positive Visionen vermittelt. Richtlinie für eine solche humanistische Ausrichtung ist die uralte „Goldene Regel", die in allen Kulturkreisen gleichermaßen das Konzentrat ethischen Verhaltens zum Ausdruck bringt.

Hier einige Beispiele aus der sehr lesenswerten Sammlung von Bernhard Harder:

„Was alles dir zuwider ist, das tue auch nicht anderen an"
aus dem Zorostrismus, 1. Jahrtausend v. Chr.

„Du sollst deinen Nächsten lieben wie dich selbst"
aus dem Alten Testament, 9.-6. Jh. v. Chr.

„Was immer du deinem Nächsten verübelst, das tue ihm nicht selbst"
aus der griechischen Antike, 620 v. Chr.

„Verletze nicht andere auf Wegen, die dir selbst als verletzend erscheinen"
aus dem Buddhismus, 6. Jh. v. Chr.

„Tue anderen nicht an, was du nicht möchtest, das sie dir tun"
aus dem Konfuzianismus, 500 v. Chr.

„Man soll sich nicht auf eine Weise gegen andere betragen, die einem selbst zuwider ist"
aus dem Hinduismus, 4. Jh. v. Chr.

„Alles was ihr für euch von den Menschen erwartet, das tut ihnen auch"
aus dem Neuen Testament, 1. Jh. n. Chr.

„Allen Menschen das zu tun, was du wünschest, selbst dir getan zu haben, und anderen das nicht zu tun, was du auch dir selbst nicht tun wolltest"
aus dem Islam, 6. Jh. n. Chr.

„Handle so, dass die Maxime deines Willens jederzeit zugleich als Prinzip einer allgemeinen Gesetzgebung gelten können"
Immanuel Kant, 1788

„Und wenn du deine Augen auf die Gerechtigkeit wendest, so wähle
für deinen Nächsten dasjenige, was du für dich selbst erwählet hast"
aus der Bahai-Religion, 19. Jh.
„Was du nicht willst, das man dir tu, das füg auch keinem anderen
zu"
aus der Allgemeinen Erklärung der Menschenpflichten des Inter
Action Council, 1983

Wie diese Beispiele zeigen, ist die „Goldene Regel" Bestandteil aller
Religionen und auch das ethische Prinzip der Philosophie und
Soziologie.
Leider zeigt die Geschichte bis heute, dass aus machtpolitischen und
rassistischen Gründen immer wieder gegen dieses Prinzip verstoßen
wurde.
Die Religionen sind offensichtlich sehr anfällig für Tendenzen der
Ausgrenzung andersartiger Menschen, insbesondere dann, wenn
Alleinvertretungsansprüche und Dogmatik dominieren.

Die Irrtümer und Verbrechen der Religionen

Es gibt keine gesicherten historischen Belege dafür, dass Jesus sich für ein göttliches Wesen hielt.
Die theologische historische Forschung ist sich seit dem 19. Jh. weitgehend einig, dass die Evangelien keine zuverlässigen Berichte über wirkliche historische Ereignisse darstellen. Alle Evangelien wurden lange nach dem Tod Jesu verfasst und auch erst nach den Briefen des Apostels Paulus, in denen so gut wie nichts über das Laben Jesu steht. So sind in die Evangelien die Interpretationen und Phantasien des Paulus eingegangen, was gegen die ursprüngliche Absicht Jesu gerichtet war (z. B. die Missionierung der Heiden, die Jesus strikt abgelehnt hatte).
Die Evangelien wurden ferner über Generationen hinweg immer wieder durch Fehler der mündlichen Überlieferung und willkürliche Erweiterungen religiöser Einstellungen so verändert, dass ihre ursprüngliche Fassung und mit ihr die historischen Fakten verloren gingen. Dies ist offensichtlich und gravierend, wenn man die Evangelien untereinander vergleicht. Anhand der Geschichtswissenschaft lässt sich nachweisen, dass keines der Evangelien die historischen Ereignisse, wie Geburtsort, Aufenthalt, Wanderungen, Volkszählung, Kindermord des Herodes, Abstammungslisten etc. auch nur annähernd korrekt wiedergibt.
Nimmt man die nicht anerkannten Evangelien des Judas, Thomas, Petrus, Nikodemus etc. hinzu, wird die Geschichte Jesu vollends konfus, was wohl die Theologen schon früh dazu bewogen hat, eine Reduzierung auf die vier bekannten Evangelien zu verfügen.
Wenn man sich in die Zeit der frühen Christen versetzt, waren diese von dem Wunschdenken erfüllt, die alttestamentlichen Prophezeiungen für das Erscheinen des Messias erfüllt zu sehen. So haben sich die Evangelisten die Ereignisse zurechtgebogen und ihren Phantasien freien Lauf gelassen. Das musste zu tief greifenden Differenzen führen.

Im Namen der Religion wurden ungeheure Verbrechen begangen, die bis heute nicht aufgearbeitet wurden. Wo immer Religionen politische Macht errungen, wurden ihre Ideale durch Machterhaltungsstrategien korrumpiert. Krone und Altar haben in einer unheiligen Allianz die Menschen unterdrückt, ausgebeutet und oft genug vernichtet.

Die Missdeutungen von Schriften der Religionsstifter und ihrer Exegeten führte zu schlimmsten Verbrechen im Namen der Religion. Gerade das Christentum hat hier eine unrühmliche Rolle gespielt: der Weigerung, sich missionieren zu lassen, fielen ganze Völker zum Opfer. Kreuzzüge und Hexenwahn wüteten Jahrhunderte mit Millionen von Opfern weltweit. Die Hetzreden und –Schriften Martin Luthers gegen die Juden sind haarsträubende Zeugnisse von Rassenwahn und Bekehrungswut mit verheerenden Wirkungen bis in unsere Tage.

Der Skandal jahrtausendelanger Sklaverei unter dem Deckmantel gottgewollter Verhältnisse (Augustinus) wurde bisher kaum thematisiert. Es bleibt unverständlich, wie man bei Bekenntnis zum biblischen Gebot „Liebe Deinen Nächsten wie Dich selbst" Sklaverei dulden konnte.

Die Unfähigkeit der Religionen, aus ihren Fehlern zu lernen und ihre Verbrechen aufzuarbeiten, verhindert eine echte Erneuerung und neue Akzeptanz.

Martin Niemöller hat das auf die Formel gebracht „Das Christentum hat mehr Unheil als Heil gebracht".

Der Philosoph Schnädelbach hat in einem Beitrag „Der Fluch des Christentums" in der „Zeit" vom 11.5.2000 das Christentum an seinen eigenen Glaubenssätzen ad absurdum geführt. Dieser Artikel hat damals hohe Wellen geschlagen.

Der Glaube an ein Eingreifen Gottes

Aus wissenschaftlicher Sicht kann es ein Eingreifen Gottes in irgendwelche Vorgänge auf der Welt nicht geben. Dies würde gegen das Kausalitätsprinzip verstoßen nach dem Ursache und Wirkung durch Naturgesetze verknüpft sind. Außerdem würden sämtlichen Erhaltungssätze der Physik außer Kraft gesetzt, was völlig absurd ist. Der Glaube an göttliches Eingreifen verleitet zu Schicksalsgläubigkeit, Untätigkeit und Fatalismus.

Sklaverei, Klassenunterschiede und Ungerechtigkeiten werden göttlicher Fügung zugeschrieben, wie lange z. B. das Gottesgnadentum von Kaisern und Königen – eine unerhörte Anmaßung.

Auch die Berichte über Rettung aus Gefahr etc. sind rein subjektiv und nicht repräsentativ, denn die unzähligen Opfer haben keine Stimme mehr, um sich zu beklagen.

Die Überzeugung, selbst für vieles verantwortlich zu sein und nur durch eigene bzw. gemeinsame Anstrengungen Probleme lösen zu können, bleibt damit auf der Strecke.

Das Theodizee-Problem, also die Frage, warum Gott so viel Leid in der Welt zulässt, wo er doch allmächtig ist und seine Schöpfung für gut befunden hat, ist ein Knackpunkt in allen Religionen.

Diese Frage wird immer dann brennend, wenn massenhaft völlig unschuldige Menschen Völkermord oder Terror zum Opfer fallen. Wenn dies auch noch in hoch zivilisierten Völkern geschieht, wie z. B. in Deutschland unter der Nazi-Diktatur, kann man wahrlich nicht mehr von einem gütigen und gnädigen Gott sprechen.

Theologen machen dann alle möglichen Ausflüchte und trösten mit dem unergründlichen Willen Gottes und dem Jenseits.

Für alle Opfer und Betroffenen kann das keine befriedigende Erklärung sein.

Die Vertröstung auf ein ewiges Leben

Besonders krass wirkt dieser Irrglaube bei den islamistischen Terroristen, die meinen, ins Paradies zu kommen, wenn sie sich mit anderen in die Luft sprengen.

Verhängnisvoll ist dieser Glaube aber auch bei Christen, denn demnach geht die Welt sowieso zugrunde, egal was die Menschen auch tun.

Die Vorstellung, dass die Welt eine einmalige, wunderbare Schöpfung ist und wir alles tun müssen, um sie vor Schaden zu bewahren, kann so nicht vermittelt werden.

Gleiches gilt für die Einmaligkeit des individuellen Lebens, das aus einem tiefen Verständnis der Natur nur im Diesseits bestehen kann und somit unendlich kostbar ist. Die Hoffnung auf ein jenseitiges Leben in Herrlichkeit macht das Diesseits nur zu einem unbedeutenden Übergangsstadium. Damit unterbleiben die erforderlichen großen Anstrengungen zur Erhaltung des Planeten und seiner Biosphäre. Die dramatischen Folgen einer solchen Denkweise sehen wir heute in der globalen Vernichtung von Arten und Lebensräumen.

Der Glaube an Reinkarnation bei Hindus und Buddhisten ist genauso verhängnisvoll wie der Glaube an ein Leben im Jenseits. Er reduziert das Dasein auf einen Zyklus unter vielen und führt zu Schicksalsgläubigkeit und Fatalismus. Soziale Missstände werden als unabänderlich angesehen und ohne Anstrengung zur Veränderung hingenommen. Auch wenn Elend und Rückständigkeit für uns unerträgliche Ausmaße annehmen, wird nichts unternommen. Auch im Islam ist dieser Fatalismus tief verankert.

Mit Buddhisten, die zur Vervollkommnung eine völlige Vergeistigung anstreben, kann kein einziges Weltproblem gelöst werden. Das kann keine humanistische Haltung sein sondern nur ein egozentrischer Ausstieg.

Der falsche Dualismus von Leib und Seele

Dualisten glauben, dass zwischen Materie und Geist ein grundlegender Unterschied besteht, der beide Erscheinungen streng trennt. Der Geist ist demnach ein körperloses Gebilde, das den Körper beseelen kann, ihn bewohnt und ihn auch verlassen kann. Nahezu alle Naturvölker, aber auch alle Kinder sind geborene Dualisten, da die Vorstellungen von Schöpfer und Geschöpf, Beweger und Bewegte etc. die Welt sehr viel verständlicher erscheinen lässt, solange kein wissenschaftliches Denken und Wissen diesen vordergründigen Eindruck durchschauen kann.

Das ist die Erklärung für die Empfänglichkeit kindlicher Gemüter für Religion, denn diese ist selbst ein dualistisches System, das genau die obigen Vorstellungen perfekt bedient.

Der berühmteste Vordenker des Dualismus war der Philosoph, Mathematiker und Naturforscher Rene Descartes (1596-1660). Sein berühmter Satz „Ich denke, also bin ich" ist das Credo der Dualisten und wirkt noch heute nach.

Der Neurologe Antonio Damasio widerlegt in seinem Buch „Descarte's Irrtum" die Descart'sche These wie folgt:

Der Satz „Ich denke, also bin ich" besagt, dass Denken und das Bewusstsein vom Denken die eigentlichen Substrate des Seins sind. Und da Descartes das Denken bekanntlich für eine Tätigkeit hielt, die sich völlig losgelöst vom Körper vollzieht, behauptet er in dieser Äußerung die radikale Trennung von Geist, der »denkenden Substanz« *(res cogitans),* und dem nichtdenkenden Körper, der Ausdehnung besitzt und über mechanische Teile verfügt *(res extensa).*

Descartes macht unmissverständlich klar, was er mit seinem Satz meint: »Ich erkannte daraus, dass ich eine Substanz sei, deren ganze Wesenheit oder Natur bloß im Denken bestehe und die zu ihrem Dasein weder eines Ortes bedürfe noch von einem materiellen Dinge abhänge, so dass dieses *Ich,* das heißt die *Seele,* wodurch ich bin, was ich bin, vom Körper völlig verschieden und selbst leichter zu erkennen ist als dieser und auch ohne Körper nicht aufhören werde, alles zu sein, was sie ist.«

Doch lange bevor die Menschheit auf der Bildfläche erschien, gab es schon Lebewesen mit einem Gehirn. An irgendeinem Punkt der Evolution hat ein elementares Bewusstsein seinen Anfang genommen. Mit diesem elementaren Bewusstsein kam auch ein einfacher Geist in die Welt. Als der Geist komplexer wurde, entwickelte sich die Möglichkeit des Denkens und noch später der Sprachverwendung zum Zwecke der Kommunikation und der besseren Organisation des Denkens. Für uns gab es also zuerst das Sein und erst später das Denken. Und auch heute noch beginnen wir, wenn wir auf die Welt kommen und uns entwickeln, zunächst mit dem Sein und fangen erst später, wenn sich das Gehirn entsprechend differenziert hat, mit dem Denken an.
Darin liegt also Descartes' Irrtum: in der abgrundtiefen Trennung von Körper und Geist. In der Behauptung, dass Denken, moralisches Urteil, das Leiden, das aus körperlichem Schmerz oder seelischer Pein entsteht, unabhängig vom Körper existieren. Vor allem: in der Trennung der höchsten geistigen Tätigkeiten vom Aufbau und der Arbeitsweise des biologischen Organismus.

Im Unterschied zu Dualisten glauben Monisten, dass Geist eine Erscheinungsform der Materie ist und ohne diese nicht existieren kann. Bestätigt wird dies durch die Äquivalenz von Masse und Energie (Relativitätstheorie) sowie Erkenntnisse der Hirnforschung, nach denen Wissen und Erfahrungen als materielle Verknüpfungen zwischen Hirnzellen repräsentiert werden. Hier wird Geist zur Materie und umgekehrt. Das eine kann ohne das andere nicht existieren.
Die meisten Naturwissenschaftler sind Monisten.

Nach christlicher und auch allgemein religiöser Vorstellung kann die Seele als körperloses Wesen den Körper verlassen und eigenständig existieren. Gleiches gilt für den (heiligen) Geist, der nach Belieben in den Körper ein- und ausgehen können soll. Nach allem was wir heute wissen, ist das nicht möglich.

Die moderne Hirnforschung hat festgestellt, dass es für das Ich, die Seele und all die anderen geistigen Kontrollinstanzen im Hirn keinen zentralen Ort gibt, wo diese „zu Hause" sind, sondern dass sie als synchrone Erregungsmuster über das gesamte Hirn verteilt sind. Was wir bewusst wahrnehmen und als autarke Willensäußerung und Handlung betrachten, ist nur die momentan synchronisierte und für das Bewusstsein abstrahierte Oberfläche neuronaler Aktivität, die eine unergründliche unbewusste Tiefe hat, in der hochkomplexe, nichtlineare Prozesse dem Bewusstwerden vorausgehen. Diese Prozesse werden durch genetische und bis zur Pubertät ablaufende soziale Prägungen gesteuert.

Damit sind vermeintliche persönliche Konstanten, wie Willensfreiheit, Entscheidungsfreiheit und Unabhängigkeit nur noch als abhängige Größen der genetischen und sozialen Prägung anzusehen. Der bekannte Hirnforscher Wolf Singer hat diese Zusammenhänge in diversen Büchern und Vorträgen publiziert.

Eine weitere wichtige Erkenntnis der neurologischen Forschung ist, dass jede Art von geistiger Aktivität ein materielles Substrat (Gehirnzellen und Synapsen) benötigt, um überhaupt zu wirken.

Im Hirn werden Informationen (Erinnerungen, Begriffe, Bilder etc.) derart gespeichert, dass Verknüpfungen zwischen den Synapsen gebildet werden. Damit wird Information zu Hardware. Erst Stimulationen von außen lösen eine Kaskade von Neuronenaktivitäten aus, die aus diesen Verknüpfungen wieder die Informationen zurückholen. Eine Trennung von Information und materiellem Substrat (Hirn) ist nicht möglich.

Eine freie Bewegung von Seele oder Geist in einen Menschen und wieder heraus, wie es die Religionen behaupten, ist somit nicht möglich. Das zeigen auch Erscheinungen bei Demenzkranken, die mit ihrem Hirn Stück für Stück ihren Geist und ihr Bewusstsein verlieren bis hin zu einem Zustand, wo sie sich selbst nicht mehr kennen. Wann hat sich hier die Seele verabschiedet und wo ist sie geblieben?

Die notwendige Erneuerung der Religionen

Aus der bisherigen Analyse resultieren folgende Maßnahmen, die für eine Erneuerung der Religionen und Konfessionen unerlässlich sind:

1. Die Religionen müssen das naturwissenschaftliche Welt- und Menschenbild von heute als die derzeit plausibelste Erklärung der Welt akzeptieren. Dazu gehört die Anerkennung der Evolution als Naturphänomen sowie die Einheit der Wissenschaft in ihrer Gesamtheit.

2. Die Religionen müssen gemäß 1. ihre Lehren entmythologisieren und sich von unhaltbaren Glaubenssätzen und Dogmen distanzieren.

3. Die Religionen müssen ihre historische Schuld und ihre Irrtümer bekennen und – soweit es möglich ist – aufarbeiten.

4. Religion und Staat müssen strikt getrennt werden, denn es darf keinen staatlich verordneten Glauben geben. Dies ist dem Prinzip von Religionsfreiheit geschuldet, für das Jahrhunderte gekämpft wurde. In Deutschland gilt anachronistisch immer noch das Reichskonkordat zwischen dem Nazi-Regime und dem Vatikan. Öffentliche Gelder fließen daher in kirchliche Einrichtungen, was gegen die Verfassung verstößt.
Schlimmer ist die Verflechtung von Religion und Politik im Islam. Von Religionsfreiheit ist dort keine Spur vorhanden. Wenn dort schon bei geringster Kritik an islamischen Praktiken die Todesstrafe droht, ist das ein unerträglicher Skandal.

5. Religionsunterricht an Schulen und Universitäten sollte vor allem der Bildung dienen und zu einer unbeeinflussten Meinungsbildung über Religion beitragen. Dazu gehören Themen zur vergleichenden

Religionswissenschaft, um einen interreligiösen Dialog führen zu können.

In Deutschland wird an Schulen und selbst an Universitäten noch immer nur die eigene Religion vermittelt.

6. Die Religionen müssen den interreligiösen Dialog suchen, um als Fernziel eine globale Ökumene zu erreichen. Gelingt das nicht, ist Weltfrieden unerreichbar.

Ein Modell hierzu stellt die Bahai-Religion dar (siehe Lit. Nr. 17). Sie ist die einzige Religion, die das Potential für eine zukunftsträchtige globalisierte Weltreligion hat. Dies resultiert aus folgenden Gründen:

Erstens wurde diese Religion erst vor ca. 150 Jahren gegründet, also lange nach der Aufklärung. Daher sind viele auf Nichtwissen und Aberglauben basierende Vorurteile und Weltbilder ausgeschlossen.

Zweitens wurde durch eine volldemokratisch legitimierte Struktur der Leitungsgremien verhindert, dass sich elitäre Priesterkasten etablieren können. Es gibt also keinen Klerus.

Drittens ist Missionieren verboten. Jeder Suchende soll eigenständig entscheiden, ob er Bahai werden will.

Viertens gilt das Prinzip der Einheit der Religionen und der Menschheit. Im Gegensatz zu vielen anderen Glaubensbekenntnissen sind die Bahai keine Abspaltung von einer bestehenden Religion sondern eine völlig neue Religion, die auch als solche von der UN anerkannt ist. Die Bahai vertreten entgegen allen anderen Religionen den Standpunkt, dass alle Religionen zusammengehören und nur die fortlaufende Kette von Offenbarungen repräsentieren. Dieser integrative Ansatz soll den Konflikt zwischen den Religionen verhindern.

Rassen- und Klassenunterschiede werden als unnatürlich abgelehnt und die Gleichberechtigung der Frauen war von Anfang an ein wichtiges Ziel.

Fünftens verlangt die Bahai-Religion, dass sich Wissenschaft und Religion nicht widersprechen dürfen. Dies schließt naive

Gottesvorstellungen aus und hält das System offen und lernfähig, was allen anderen Religionen fehlt.

7. Die Religionen müssen sich der offenen Diskussion mit Wissenschaft und Atheismus stellen. Dies ist dringend nötig, um die derzeitige Polarisierung in den Medien (Aufschrei gegen Dawkins) in einen Dialog zu überführen.

8. Die Religionen müssen klare Positionen zu wichtigen politischen Problemen beziehen. Gesellschaftliche Akzeptanz können sie nur gewinnen, wenn die Menschen darauf vertrauen können, dass ihre berechtigten Anliegen (Würde, Gleichberechtigung, Gerechtigkeit etc.) auch mit Nachdruck vertreten werden.

9. Die Religionen müssen auch die Entscheidung von Menschen, ohne Religion leben zu wollen, als gleichberechtigt akzeptieren. Nicht der Glaube, sondern die Ethik entscheidet über gesellschaftliche Anerkennung. Davon sind wir auch im aufgeklärten Europa noch Lichtjahre entfernt. Kein Politiker oder sonstiger Prominenter würde es wagen, sich öffentlich als Atheist zu bezeichnen. Da fällt es wesentlich leichter, sich als Homosexueller zu outen – welch eine Verirrung, ist doch Homosexualität in allen Religionen verboten.

Die Alternativen zu Religion

Die Fülle an Einwänden gegen religiöse Weltbilder sowie das andauernde Versagen religiöser Institutionen und Bewegungen im Hinblick auf die Gestaltung eines friedlichen Zusammenlebens unterschiedlicher Kulturen hat schon immer Kritiker herausgefordert, über Alternativen zur Religion und Theologie nachzudenken.

Sehr emotional orientierte Menschen zieht es in esoterische Kreise, die es in schier unendlicher Vielfalt gibt. Diese Richtungen sind jedoch keine wirkliche Alternative, denn auch hier sind es selbst ernannte „Weise" oder „Gurus", die mehr oder weniger dogmatisch die Richtung vorgeben und Unterwerfung unter ihr Weltbild einfordern.

Mit Aufklärung und wissenschaftlich-naturalistischer Rationalität und Realität haben diese Bewegungen kaum etwas zu tun.

Ernster zu nehmen sind Ansätze mit vorgeblich wissenschaftlichen Thesen zur Vereinbarkeit von Religion und Wissenschaft, wie sie u. a. der Träger des alternativen Nobelpreises, Hans-Peter Dürr, vertritt. Dürr beschreibt sehr anschaulich die Welt der Quantenphysik und postuliert daraus die universelle Gültigkeit quantenphysikalischer Gesetze auch für die Makrowelt. Dies widerspricht den Prinzipien der Makrowelt, wo die Kausalitätsbedingungen für physikalische Prozesse berechenbaren Gesetzmäßigkeiten folgen, während dies in der Quantenwelt eben nicht der Fall ist. Es gibt demnach eine fundamentale Barriere zwischen der Quantenwelt und der Makrowelt, die eine gegenseitige Transformation verbietet und nur Spekulationen erlaubt.

Ein zweiter Kritikpunkt an Dürr zielt auf seine antiquierte Vorstellung von den Mechanismen der Evolution. Er sieht dort nur das blinde Walten des Zufalls bei den Mutationen und folgert daraus die Unmöglichkeit der Entstehung von Leben durch evolutionäre Prozesse. Seine These ist, dass Leben aus materiefreien quantenphysikalischen Prozessen resultiert. Mit dieser Auffassung steht er wohl recht einsam da.

Die heute bekannten sehr vielseitigen Evolutionsmechanismen können sehr wohl erklären, wie sich Leben aus unbelebter Materie entwickeln konnte und wodurch Mutation und Selektion gezielt und beschleunigt zur Artentfaltung führen können. Es gibt keine überzeugendere Theorie für die Entstehung und Entwicklung von Leben als die Evolutionstheorie mit ihren vielseitigen aktuellen Teilaspekten.

Die im Titel von Dürrs Buch postulierte Gleichsetzung von Wissenschaft und Religion hinsichtlich ihrer Aussagefähigkeit negiert einen fundamentalen Unterschied, nämlich den, dass nur die Wissenschaft die Potentiale hat, Thesen der Theologie zu falsifizieren, sofern sie im Gegensatz zu bestehenden Erkenntnissen stehen. Die Theologie hat dagegen keinerlei Potential, Thesen der Wissenschaft zu falsifizieren, da sie nicht auf Erkenntnis, Logik und Vernunft basiert, sondern auf Dogmatik, archaischem Glauben und Traditionen.

Die von Dürr angenommene „ganzheitliche Struktur der Wirklichkeit" soll es ermöglichen, nicht objektivierbare Erkenntnisse und Erfahrungen zu gewinnen, die eine intersubjektive Wahrheit beinhalten, also eine Art gesellschaftliches Bewusstsein vom Sinn und Zweck menschlichen Daseins.

Die Vorstellung einer ganzheitlichen Struktur der Wirklichkeit ist jedoch reine Spekulation, da niemand Zugang zu dieser fiktiven Sphäre haben kann. Die Phantasie der Menschen hat unzählige Modelle dieser metaphysischen Welt generiert, wie die vielen Religionen und mystischen Vorstellungen dokumentieren. Der aufgeklärten Vernunft konnte keine dieser Ideen standhalten, da sie alle im Widerspruch zu naturwissenschaftlichen Erkenntnissen stehen.

Die Empfehlung Dürrs, die Welt verstehen zu können, indem wir die Arme ausbreiten und uns der Transzendenz öffnen, kann man nur als esoterische Schwärmerei bezeichnen. Was dabei passiert ist so vielfältig und manipulierbar, wie es unsere Emotionen hergeben bzw. wie der jeweilige Guru es steuert.

Wir können die Welt nur über Naturerkenntnisse erkennen und auch dies nur begrenzt, da wir keinen Zugang zu den letzten Ursachen der Schöpfung haben können. Dennoch ermöglicht nur die Plausibilität und Kohärenz dieser Erkenntnisse das bestmögliche Verständnis der Welt und die unendlich vielen Möglichkeiten ihrer kulturellen und technischen Gestaltung.

Diesen Fortschritt verdanken wir jenen Forschern und Aufklärern, die mutig genug waren, die archaischen, auf reiner Phantasie beruhenden Weltbilder der Theologen und Mystiker gegen deren heftigen Widerstand infrage zu stellen und letztlich zu widerlegen.

Daraus resultiert ein Weltbild, das den Menschen als Produkt der Evolution und ein Geschöpf unter Vielen begreift, die alle auf ihre Weise hoch effizient an ihren jeweiligen Lebensraum angepasst sind.

Was den Menschen aus der Artenvielfalt heraushebt, ist allein sein ins Extreme hoch entwickeltes Gehirn, das ihm ermöglicht, über Empathie, Sprache und Intellekt Kultur zu begründen und zu tradieren.

Die vielen Fehlentwicklungen, wie Rassismus, Klassenkampf, Kriege, Religionskonflikte, Umweltzerstörungen etc. resultieren aus einem Unverständnis bzw. Missverständnis der Schöpfung als von Gott gegebene exklusive Verfügungsmasse des jeweiligen Volkes.

Das komplette Versagen religiöser Institutionen und Bewegungen im Hinblick auf die Akzeptanz eines realistischen/naturalistischen Weltbildes und der Lösung existenzieller globaler Probleme (Geburtenkontrolle, Toleranz, Humanität, Bewahrung der Schöpfung etc.) treibt aufgeklärte Zeitgenossen aus den Kirchen hinaus hin zu säkular-humanistischen Vereinigungen, die sich diesen Problemen stellen und die von den Theologen angemaßte Deutungshoheit über den Sinn der Schöpfung und die Kriterien von Moral ablehnen.

Dank des Internets gibt es jetzt etliche Kommunikationsplattformen für die vielen versprengten „Rebellen", um sich regional und global zu organisieren.

Von den vielen säkularen Organisationen, die sich in den letzten Jahren etabliert haben, soll hier stellvertretend die Giordano-Bruno-Stiftung (GBS) hervorgehoben werden, die inzwischen wohl die bedeutendste Sammlungsbewegung von religionskritischen Intellektuellen verschiedenster Richtungen geworden ist.

Die GBS vertritt einen naturalistischen evolutionären Humanismus gegen die Bevormundung durch religiöse Institutionen und Theologen. Das Credo der GBS lautet: "Wer Wissenschaft, Philosophie und Kunst hat, braucht keine Religion".

Das Weltbild und das Selbstverständnis der GBS hat Michael Schmidt-Salomon im „Manifest des evolutionären Humanismus" sehr überzeugend dargestellt. Die GBS präsentiert sich mit ihren Grundsätzen, ihrer Struktur und ihren Aktivitäten in der Broschüre „Aufklärung im 21. Jahrhundert", die über das Internet bezogen werden kann (www.giordano-bruno-stiftung.de).

Die wissenschaftliche Kompetenz und die gesellschaftliche Ausgewogenheit der GBS werden durch einen ca. 60-köpfigen Beirat aus hochkarätigen Wissenschaftlern und Persönlichkeiten der verschiedensten Disziplinen gewährleistet.

Die Philosophie als freie Denkschule ist schon aus ihrem Selbstverständnis heraus ein Quell der Kritik an theologischer Dogmatik. Seit das Christentum die Macht in Europa (Rom) übernommen hat, wurde die Philosophie an die Kette gelegt und der Religion untergeordnet. Erst im Zuge der Aufklärung konnte sie sich mühsam von dieser Bevormundung befreien und ihr Arsenal an Denkrichtungen entfalten. Die philosophischen Disziplinen, wie Metaphysik, Erkenntnistheorie, Logik, Ethik, Geschichtsphilosophie, Naturphilosophie, Religionsphilosophie, Sozialphilosophie und Wissenschaftstheorie sprengen mit ihren umfassenden Analysen die sehr statische und enge Weltsicht der Theologen.

Ein ähnliches Schicksal wie die Philosophie erlitt auch die Kunst. Unter christlicher Herrschaft wurde sie zur Magd der Religion degradiert und durfte sich nicht frei entfalten. Erst in der Renaissance und dann in der Zeit der Aufklärung konnte sie sich nach und nach von diesem Joch befreien und neben der Philosophie einen gleichberechtigten Platz in der abendländischen Kultur einnehmen.

So sind Wissenschaft, Philosophie und Kunst offene Systeme ohne Denkverbote und dogmatische Fesselungen, ganz im Gegensatz zur Religion, die niemals frei und offen sein kann, weil sie ohne Dogmen nicht existieren kann.

Zusammenfassung

Die einst von der Religion behauptete zentrale Stellung der Erde und des Menschen musste durch die Erkenntnisse genialer Forscher, wie Kopernikus, Galilei, Newton, Darwin, Einstein, Freud und vieler anderer notgedrungen drastisch revidiert werden:

Die Menschen sehen sich heute als Geschwister von Pflanzen und Tieren auf einem Staubkorn in der Unendlichkeit des Alls mit einer sehr begrenzten Zeit des Daseins.

Wer das begreift, ist immun gegen jede Art von Theologie, Ideologie und Dogmatismus, die sich bei genauem Hinsehen alle als reine Hirngespinste von Machteliten entpuppen.

Stattdessen ergreift den Menschen Erstaunen, Bescheidenheit und Ehrfurcht vor dem unbegreiflichen Wunder der Schöpfung. In diesem Sinne ist Religiosität völlig angemessen.

Wir Menschen sind nicht dazu gemacht, den Sinn der Schöpfung zu verstehen, sondern sind optimiert dafür, uns darin erfolgreich zu behaupten. Allein auf dieses Ziel hin wurde unser Körper und Geist in einem sehr langen Prozess angepasst.

Unsere Aufgabe als aufgeklärte Menschen ist es, sich dem neuen Bild der Welt zu öffnen und mit den neuen Erkenntnissen kreativ umzugehen.

Darüber hinaus resultiert aus dieser Haltung automatisch ein Bewusstsein von Endlichkeit, die dem Dasein höchsten Wert und humanistische Gesinnung im Sinne von Toleranz und Solidarität verleiht. Humanismus ist der gemeinsame Nenner, der in seiner Ethik die Interessen aller wohlmeinenden Menschen besser vereinen kann als jede sich abgrenzende Religion.

Als moralische Richtlinie des Denkens und Handelns empfiehlt sich die „Goldene Regel". Sie ist das Konzentrat aller ursprünglichen menschlichen und religiösen Moral, jedoch befreit von den Scheuklappen der Konfessionen.

Wer das als überholten Atheismus diffamiert versündigt sich am kulturellen Erbe von so genialen Geistern wie Kant, Humboldt,

Lessing, Goethe, Darwin, Einstein und so vieler anderer, auf die wir doch so stolz sind.

Der Niedergang der Religion als Sinnstifter und moralische Autorität hat viele Gründe, vor allem das eigene Versagen, die selbst gesetzten Ansprüche, wie Nächstenliebe und Gerechtigkeit, zu leben.

Die Irrtümer und entsetzlichen Verbrechen der Kirchen und deren Weigerung, diese voll einzugestehen und ihre Fehlbarkeit einzuräumen, haben ihre Glaubwürdigkeit und Akzeptanz irreversibel beschädigt.

Das Festhalten an absurden Glaubensvorstellungen, wie Wunder, Auferstehung, Teufelsaustreibung etc. etc. ist eine Zumutung für jeden gebildeten Menschen.

Aufgeklärte Zeitgenossen wenden sich enttäuscht ab und finden in säkularen Bewegungen eine neue Heimat.

Anhang1: Das Gewaltpotential der Bibel

1: Das Gewaltpotential im Neuen Testament
Die Zitate sind chronologisch geordnet

Matth. 13; 36-42: ... alle, die Ärgernis geben, werden in den Feuerofen geworfen

Matth. 15; 22-28: ... ich bin nur gesandt zu den verlorenen Schafen Israels

Matth. 25; 41-46: ... gehet hin von mir ihr Verfluchten... in die ewige Pein

Mark. 16; 16 : ... wer aber nicht glaubet, der wird verdammt werden

Luk. 12; 5 : ... fürchtet euch vor dem, der tötet und in die Hölle wirft

Luk. 19; 27 : ... meine Feinde bringt her und macht sie vor mir nieder

Joh. 3; 18 : ... wer aber nicht glaubt, der ist schon gerichtet

Joh. 3; 36 : ... wer dem Sohn nicht glaubt, über dem bleibt der Zorn Gottes

Röm. 1; 26-32 : ... die solches tun, nach Recht Gottes des Todes würdig sind

Röm. 3; 9-20 : ... auf dass aller Mund gestopft werde und alle Welt vor Gott schuldig

1. Kor. 16; 22 : ... wenn jemand den Herrn nicht lieb hat, der sei verflucht

2. Thess. 1; 6-9 : ... die Gott nicht kennen wollen sollen ewige Strafe leiden

Tit 1; 10-16 : ... denn es sind viele Unnütze...Juden, denen muss man das Maul stopfen

2. Petr. 3; 7 : ... dass sie zum Feuer behalten werden und der Verdammnis der Gottlosen

Hebr. 10; 28-31: ... schrecklich ist's in die Hände des lebendigen Gottes zu fallen

In der **Offenbarung des Johannes** kulminieren Intoleranz und Vernichtungswahn gegen Ungläubige in einer unglaublichen Orgie von Barbareien. Wer das nicht glauben will, lese folgende Stellen:

2; 26-28: wer da hält meine Werke, dem will ich Macht geben über die Heiden, und er soll sie weiden mit einem eisernen Stabe, und wie eines Töpfers Gefäße soll er sie zerschmeißen...

9; 4-21: und es ward ihnen gesagt, dass sie nicht Schaden tun dem Gras...sondern allein den Menschen, die nicht haben das Siegel Gottes. Und es war ihnen gegeben, dass sie die Menschen nicht töteten, sondern sie quälten fünf Monate lang; und ihre Qual war die Qual von Skorpionen. Und die Menschen werden den Tod suchen und nicht finden....u.s.w. u.s.w.

14; 9-11: so jemand das Tier anbetet (Heiden) sollen gequält werden mit Feuer und Schwefel vor den heiligen Engeln und dem Lamm (vor Christus!); und der Rauch ihrer Qual wird aufsteigen von Ewigkeit zu Ewigkeit; und sie haben keine Ruhe Tag und Nacht...

16; 1-21: die 7 Plagen für die Ungläubigen. ...und es ward ein böses Geschwür an den Menschen... und es ward gegeben die Menschen zu versengen mit Feuer... und sie zerbissen sich ihre Zungen vor Schmerzen...und es gab Erdbeben, dass ihre Städte zerfielen... und großer Hagel fiel vom Himmel...

18; 1-24: die Vernichtung Babylons als Strafe für Gottlosigkeit. ... Babylon ist eine Behausung des Teufels geworden...; soviel sie sich herrlich gemacht hat, soviel schenkt ihr Qual und Leid ein!
... darum werden ihre Plagen auf einen Tag kommen, Tod, Leid und Hunger, und mit Feuer wird sie verbrannt werden, denn stark ist Gott der Herr, der sie richtet. ...freue dich über sie, denn Gott hat sie gerichtet.

19; 1-10: Jubel über die Vernichtung. ... Halleluja! Und ihr Rauch (Babylon) steigt auf in Ewigkeit. Lasset uns freuen und fröhlich sein und ihm die Ehre geben...

19; 11-21: ...und aus seinem Munde hing ein scharfes Schwert, dass er damit die Völker schlüge; und er wird sie regieren mit eisernem Stabe...; kommt, versammelt euch zu dem großen Mahl Gottes, dass ihr esset das Fleisch der Könige...und aller Freien und Knechte. ...die das Zeichen des Tieres anbeten (Heiden) wurden in den feurigen Pfuhl geworfen, der mit Schwefel brannte und die anderen wurden erschlagen mit dem Schwert (Gottes) und alle Vögel wurden satt von ihrem Fleich.

20; 7-10: der Untergang. ... und wenn 1000 Jahre vollendet sind, wird der Satan los werden aus seinem Gefängnis und wird verführen die Völker zum Streit. ...Heiden und falsche Propheten werden gequält werden Tag und Nacht von Ewigkeit zu Ewigkeit.

21; 1-8: ...und Gott wird abwischen alle Tränen von ihren (seinem Volk) Augen und der Tod wird nicht mehr sein....die Verleugner aber und Ungläubigen etc., deren Teil wird sein in dem Pfuhl, der mit Feuer und Schwefel brennt.

Fazit

Obige Beispiele zeigen eindeutig die gnadenlose Intoleranz des auf dem Neuen Testament errichteten Christentums gegen Ungläubige, Heiden, Freidenker und alle sonstigen Anhänger abweichender Bekenntnisse. Das Neue Testament ist erwiesenermaßen also nicht die angebliche Friedensbotschaft, sondern setzt die Intoleranz des Alten Testaments gegen alle Abweichler ungebrochen fort. Die Folgen waren immer wieder Pogrome im Namen der Religion gegen diese Abweichler, seien es Einzelne oder ganze Völkerschaften.

Ohne diese latenten Gewaltpotentiale im Christentum sind die vielen Verbrechen gegen die Menschlichkeit und das Schweigen der Theologen dazu nicht vorstellbar.

Wenn diese Wahrheit ans Licht kommt, kann das Christentum endgültig Konkurs anmelden.

2: Das Gewaltpotential im Alten Testament
Die Zitate sind chronologisch geordnet

Exodus 12; 12 : denn ich will in der Nacht durch Ägyptenland gehen und alle Erstgeburt schlagen unter Mensch und Vieh.

Exodus 32; 27-29: so spricht der Herr, der Gott Israels: Ein Jeder gürte sein Schwert und gehe durch das Lager und erschlage seinen Bruder, Freund und Nächsten...damit euch heute Segen gegeben werde.

Exodus 34; 12-14: hüte dich, einen Bund zu schließen mit den Bewohnern des Landes, in das du kommst (Amoriter, Kanaaniter, Hethiter, Perisiter, Hewiter), sondern ihre Altäre sollst du umstoßen und ihre Steinmale zerbrechen und ihre heiligen Pfähle umhauen, denn du sollst keinen anderen Gott anbeten. Denn der Herr heißt ein Eiferer, ein eifernder Gott ist er.

Levitikus 20; 13: wenn jemand bei einem Manne liegt wie bei einer Frau, so haben sie getan was ein Gräuel ist, und sollen beide des Todes sterben.

Numeri 25; 1-18: Zorn Gottes über den Götzendienst Israels. ...und Gott sprach zu Mose Nimm alle Oberen des Volks und hänge sie vor dem Herrn auf im Angesicht der Sonne, damit sich der Zorn Gottes von Israel wende.
Und Mose sprach zu den Richtern: Tötet ein jeder seine Leute, die sich an Baal gewandt haben.

Der Sohn des Priesters Aaron nahm seinen Spieß und durchstach den Israelitischen Mann und die Frau durch ihren Leib. Da hörte die göttliche Plage auf unter den Kindern Israels. 24000 waren aber durch die Plagen getötet worden. Und der Herr sprach zu Mose: tut den Midianitern Schaden und schlagt sie.

Numeri 31; 7-18: .. und sie zogen aus zum Kampf mit den Midianitern und töteten alles, was männlich war. Und Mose wurde zornig über die Hauptleute und sprach zu ihnen: warum habt ihr alle Frauen leben lassen? ... so tötet nun alles, was männlich ist unter den Kindern, und alle Frauen, die nicht mehr Jungfrauen sind; aber alle unberührten Mädchen lasst für euch leben.

Im Deuteron, dem 5. Buch Mose, eskalieren die Rasereien gegen Ungläubige aller Art zu einer Orgie der Vernichtung selbst nächster Angehöriger und Freunde. Welch ein Teufelsbuch!

Deuteron 2; 33-35: aber der Herr, unser Gott, gab ihn (Sihon) vor unseren Augen dahin, dass wir ihn schlugen mit seinen Söhnen und seinem ganzen Kriegsvolk. Da nahmen wir alle seine Städte ein und vollstreckten den Bann an Männern, Frauen und Kindern, und ließen niemand übrig bleiben.

Deuteron 3; 3-6:   so gab der Herr, unser Gott, auch König Og von Basan in unsere Hände... auf dass wir ihn schlugen...es gab keine Stadt, die wir ihnen nicht nahmen

... an allen Städten vollstreckten wir den Bann, an Männern, Frauen und Kindern, aber alles Vieh und Beute raubten wir für uns....

Deuteron 7; 1-5:   .... wenn der Herr, dein Gott, ...ausrottet viele Völker, die Hethiter, Amoriter Kanaaniter...., sieben Völker, die größer und stärker sind als du,....du sollst keinen Bund mit ihnen schließen und keine Gnade gegen sie üben und....sondern so sollt ihr mit ihnen tun: ihre Altäre einreißen, ihre Steinmale zerbrechen, ihre heiligen Pfähle umhauen und ihre Götzenbilder verbrennen.

Deuteron 7; 16-25:   du wirst alle Völker vertilgen, die der Herr, dein Gott, dir geben wird. Du Sollst sie nicht schonen und ihren Göttern nicht dienen. ...dazu wird der Herr Angst und Schrecken unter sie senden, bis umgebracht sein wird, was übrig ist und sich verbirgt vor dir. ...denn der Herr, dein Gott, der große und schreckliche Gott, ist in deiner Mitte. Er wird diese Leute ausrotten vor dir, einzeln nacheinander. Du kannst sie nicht auf einmal vertilgen, damit sich nicht die wilden Tiere wider dich vermehren u.s.w.

Deuteron 9; 3-5: so sollst du nun wissen, dass der Herr vor dir hergeht, ein verzehrendes Feuer. Er wird sie vertilgen und demütigen und du wirst sie vertreiben und bald vernichten, wie dir der Herr zugesagt hat. Der Herr, dein Gott, vertreibt Diese Völker um ihres gottlosen Treibens willen...

Deuteron 13; 7-17: Wenn dich dein Bruder oder dein Sohn oder deine Tochter oder deine Frau oder dein Freund überreden würde anderen Göttern zu dienen, so willige nicht ein, so sollst du ihre Schuld nicht verheimlichen sondern sie zum Tode bringen. Deine Hand soll die erste wider sie sein, sie zu töten, und danach die Hand des ganzen Volkes. Man soll sie zu Tode steinigen...Und wenn du in einer Stadt, die dir der Herr gegeben hat zu wohnen, sagen hörst, dass die Menschen anderen Göttern dienen, so sollst du die Bürger dieser Stadt erschlagen mit allem was darin ist und alles was ihr erbeutet habt auf dem Marktplatz verbrennen, auf dass diese Stadt in Trümmern liege für immer...

Ist dieser Wahnsinn noch zu steigern? Es geht: siehe weiter!

Deuteron 21; 18-21: Todesstrafe für ungeratene Söhne: wenn jemand einen ungehorsamen Sohn hat, der nicht gehorchen will, auch wenn man ihn züchtigt, so sollen ihn Vater und Mutter ergreifen und zu den Ältesten führen und sagen: unser Sohn ist widerspenstig und ungehorsam. So sollen ihn steinigen alle Leute seiner Stadt, dass er sterbe.

Deuteron 28; 15-61: Ankündigung von Segen und Fluch: wenn du aber nicht gehorchen wirst der Stimme des Herrn..., so werden alle diese Flüche über dich kommen: Es folgen Verwünschungen übelster Art: verflucht die Frucht deines Leibes der Ertrag der Äcker, das Jungvieh der Tiere; es wird sein Unfriede, Unglück, in allem was du unternimmst, bis du vertilgt bist . Der Herr wird dir die Pest anhängen, Dürre senden und deinen Leichnam zum Fraß der Vögel geben. Der Herr wird dich schlagen mit Geschwür, Pocken, ...dass du nicht geheilt werden kannst. Der Herr wird dich schlagen mit Wahnsinn, Blindheit, etc.

Es folgen seitenweise alle erdenklichen Plagen und Strafen, die sich nur extreme Sadisten so ausdenken können, eine unerträgliche Lektüre!

Deuteron 32; 40-42: Das Lied des Mose: denn ich will meine Hand zum Himmel heben und sagen wenn ich mein blitzendes Schwert schärfe und meine Hand zur Strafe greift, so will ich mich rächen an meinen Feinden: ich will meine Pfeile mit Blut trunken machen, und mein Schwert soll Fleisch fressen, mit Blut von Erschlagenen und Gefangenen, von den Köpfen streitbarer Feinde.

Auch in den prophetischen Büchern steckt der Ungeist der Intoleranz, vor allem bei Jesaja, der recht einseitig für das christliche Weihnachten vereinnahmt wurde.
Zwei Beispiele mögen das verdeutlichen:

Jesaja 13; 9-18:	Gottes Gericht über Babel: denn siehe des Herrn Tag kommt grausam, zornig grimmig, die Erde zu verwüsten und die Sünder von ihr zu vertilgen. Wer da gefunden wird, wird erstochen, und wen man aufgreift, wird durch das Schwert fallen. Es sollen auch die Kinder vor ihren Augen zerschmettert, ihre Häuser geplündert und ihre Frauen geschändet werden etc.
Jesaja 14; 29-31:	Gegen die Philister: Freue dich nicht, Philisterland...aber deine Wurzeln will Ich durch Hunger töten, und deine Übriggebliebenen werde ich morden. Heule, Tor! schreie, Stadt! erzittre ganz Philisterland!

Sogar in den poetischen Werken kommt häufig der unmenschliche Geist des geifernden Gottes unverblümt zu Tage. Die Psalmen bieten eine Fülle solcher Beispiele, wie folgende Zitate zeigen:

Psalm 2; 7-9:	Kundtun will ich den Ratschluß des Herrn: bitte mich, so will ich dir die Völker zum Erbe geben. Du sollst sie mit einem eisernen Zepter zerschlagen, wie Töpfe sollst du sie zerschmeißen.
Psalm 3; 8:	Auf Herr, hilf mir, denn du schlägst alle meine Feinde auf die Backe und zerschmetterst der Gottlosen Zähne.

66

Psalm 9; 3-7: Ich freue mich und bin fröhlich in dir, dass meine Feinde weichen mussten, sie sind umgekommen vor dir. Du schiltst die Heiden und bringst die Gottlosen um; ihre Namen vertilgst du auf immer und ewig. Der Feind ist vernichtet, zertrümmert für immer, die Städte hast du zerstört...

Psalm 10; 15-16: Zerbrich den Arm der Gottlosen und Bösen und suche ihre Bosheit heim, dass man nichts mehr davon finde.

Psalm 18; 38-43: Ich will meinen Feinden nachjagen und sie ergreifen und nicht umkehren, bis ich sie umgebracht habe. Ich will sie zerschmettern, dass sie nicht mehr aufstehen können; sie müssen unter meine Füße fallen...

Psalm 21; 9-11: Deine Hand wird finden alle deine Feinde..., du wirst es mit ihnen machen wie im Feuerofen, der Herr wird sie verschlingen in seinem Zorn, Feuer wird sie fressen. Ihre Nachkommen wirst du tilgen vom Erdboden...

Psalm 44; 6: Durch dich wollen wir unsere Feinde zu Boden stoßen, in deinem Namen niedertreten, die sich gegen uns erheben.

Psalm 58; 4-11: Die Gottlosen sind abtrünnig vom Mutterschoß an, ... sie sind voller Gift wie eine giftige Schlange...Gott, zerbrich ihnen die Zähne im Maul...ehe eure Töpfe das Dornfeuer spüren, reißt alles der brennende Zorn hinweg.

Psalm 68; 22-24: Ja, Gott wird den Kopf seiner Feinde zerschmettern, den Schädel der Gottlosen...aus der Tiefe des Meeres will ich sie holen, dass du deinen Fuß im Blut der Feinde badest und deine Hunde es lecken.

Psalm 110; 5-6: Der Herr zu deiner Rechten wird zerschmettern die Könige am Tage seines Zorns. Er wird richten unter den Heiden, wird viele erschlagen, wird Häupter zerschmettern auf weitem Gefielde.

Psalm 149; 5-9: Die Heiligen sollen fröhlich sein und preisen und rühmen auf ihren Lagern. Sie sollen scharfe Schwerter in ihren Händen halten, dass sie Vergeltung üben unter den Heiden, Strafe unter den Völkern, ihre Könige zu binden mit Ketten und ihre Edlen mit Fesseln, dass sie an ihnen vollziehen das Gericht, Halleluja!

Fazit:

Das Alte Testament kennt nur Gnade und Förderung für diejenigen, die sich dem beschriebenen Gott bedingungslos unterwerfen und seine Befehle, und seien sie noch so unmenschlich, buchstabengetreu ausführen.

Wohin das führt, zeigen die unzähligen Verbrechen, die seit Bestehen des auserwählten Volkes von diesem und an diesem verübt wurden.

Die zahlreichen Verbrechen der Christen (Kreuzzüge, Inquisition, Völkermord im Rahmen der Welteroberung, Pogrome gegen Juden und Ketzergruppen, Unterdrückung von Andersdenkenden etc.) sind oft genug durch Bezug auf die Bibel als Ganzes gerechtfertigt worden.

Der Bibel fehlt es an Eindeutigkeit humanitärer Aussagen. Diese dürfen nicht für eine bestimmte Klientel (die Rechtgläubigen) exklusiv gelten.

Unser heutiger Maßstab bezüglich der Menschenrechte ist völlig unvereinbar mit dem einseitigen Verständnis, das die Bibel verlangt. Deshalb kann die Bibel keine moralische Leitlinie für eine offene, tolerante Gesellschaft sein!

Anhang 2: Zitatensammlung

Caesar
Die Menschen glauben das, was sie sich wünschen.

Seneca der Jüngere
Religion gilt dem gemeinen Mann als wahr, dem Weisen als falsch und dem Herrscher als nützlich.

Augustinus
1. Es gibt noch eine weitere Art der Versuchung, die noch stärker mit Gefahren verbunden ist. Es ist die Krankheit der Neugier. Sie treibt uns dazu, dass wir die Geheimnisse der Natur aufdecken wollen, jene Geheimnisse, die außerhalb unseres Verständnisses liegen, die uns nichts nützen und die zu erkennen wir uns nicht wünschen sollten.

Thomas von Aquin
Damit die Heiligen ihr Glück und die Gnade Gottes besser genießen können, ist es ihnen gestattet, der Bestrafung der Verdammten in der Hölle zuzusehen.

Meister Eckhart
Wenn einer wähnt, er habe Gott erkannt, und sich irgendetwas darunter vorstellt, so hat er irgendetwas erkannt, nur Gott nicht.

Luther
1. Die Vernunft ist das größte Hindernis in Bezug auf den Glauben, weil alles Göttliche ihr ungereimt zu sein scheint, dass ich nicht sage, dummes Zeug.

2. Wer Christ sein will, der steche seiner Vernunft die Augen aus.

Voltaire
Wer dich veranlassen kann, Absurditäten zu glauben, der kann dich auch veranlassen, Gräueltaten zu begehen.

Arthur Schopenhauer
Was für eine schlaue Erschleichung und hinterlistige Insinuation in dem Wort Atheismus liegt! – als verstände der Theismus sich von selbst.

Johann Wolfgang v. Goethe
Es bleibt wahr: das Märchen von Christus ist Ursache, dass die Welt noch zehntausend Jahre stehen kann, und niemand recht zu Verstand kommt.

Charles Darwin
Niemand würde Gott für den Urheber eines mangelhaften Objektes halten. In der Perfektion mochte sich der Gott offenbaren; im Fehler aber verriet sich die Natur.

Sigmund Freud
1. Die Frommgläubigen sagen, die Idee eines einzigen Gottes hat darum so überwältigend auf die Menschen gewirkt, weil sie ein Stück der ewigen Wahrheit ist.
Wir stoßen auf Bedenken: es hat sich nicht feststellen lassen, dass der menschliche Intellekt eine besonders feine Witterung für die Wahrheit hat. Wir haben im Gegenteil erfahren, dass unser Intellekt sehr leicht ohne alle Warnung in die Irre geht und dass nichts leichter von uns geglaubt wird, als was, ohne Rücksicht auf die Wahrheit, unseren Wunschillusionen entgegenkommt.

2. Mit dem Glauben an einen einzigen Gott wurde wie unvermeidlich die religiöse Intoleranz geboren, die dem Altertum vorher – und noch lange nachher – fremd geblieben war.

Rainer Maria Rilke
Ist es möglich, dass es Leute gibt, welche „Gott" sagen und meinen, das wäre etwas Gemeinsames?

Blaise Pascal
Die Menschen tun nie so vollständig und fröhlich etwas Böses, als wenn sie es aus religiöser Überzeugung tun.

Victor Hugo
In jedem Dorf gibt es eine Fackel, den Lehrer, und jemanden, der dieses Licht löscht, den Pfarrer.

Napoleon
Religion eignet sich hervorragend dazu, einfache Leute ruhig zu stellen.

Gandhi
Ich bin Hindu, ich bin Moslem, ich bin Jude, ich bin Christ, ich bin Buddhist, ...

Nehru
1. Das Schaubild dessen, was man in Indien und anderswo Religion oder jedenfalls organisierte Religion nennt, hat mich mit Entsetzen erfüllt; ich habe es oft verurteilt und würde am liebsten damit aufräumen. Es steht anscheinend immer für blinden Glauben und Reaktion, Dogma und Bigotterie, Aberglauben, Ausbeutung und die Durchsetzung von Gruppeninteressen.

2. Manche Leute glauben, das säkulare Indien (die Vereinigung hinduistischer und muslimischer Landesteile) richte sich gegen die Religion. Das stimmt nicht. In einem Land wie Indien, das viele Religionen beherbergt, kann man echten Nationalismus ausschließlich auf der Grundlage einer säkularen Ordnung aufbauen.

Thomas Jefferson (3. US-Präsident 18.01-18.09)

1. Jahwe ist eine entsetzliche Gestalt – grausam, rachsüchtig, launisch, ungerecht.

2. Das Christentum ist das perverseste System, das jemals über den Menschen geleuchtet hat.

3. Vom immateriellen Dasein zu sprechen heißt vom Nichts zu sprechen. Zu sagen, die Seele des Menschen, die Engel oder Gott seien immateriell, heißt zu sagen, dass sie nichts sind, oder dass es keinen Gott, keine Engel, keine Seele gibt. Anders kann ich nicht denken, ohne mich in den bodenlosen Abgrund der Träume und Phantasien zu stürzen.

4. Die einzige Waffe, die man gegen unverständliche Aussagen einsetzen kann, ist der Spott. Vorstellungen müssen klar umrissen sein, erst dann kann die Vernunft sich mit ihnen beschäftigen. Von der Dreifaltigkeit hatte kein Mensch jemals eine klar umrissene Vorstellung. Es ist nur das Abrakadabra jener Scharlatane, die sich als Priester Jesu bezeichnen.

5. Aus einem Brief an seinen Neffen:
Schüttle alle Angst vor den unterwürfigen Vorurteilen ab, unter denen sich schwache Geister so demütig ducken. Setze die Vernunft fest in den Sattel und rufe sie als Richterin für alle Tatsachen und jede Meinung an. Stelle voller Kühnheit sogar die Existenz Gottes infrage; denn wenn es ihn gibt, muss er der Referenz an die Vernunft mehr Zustimmung zollen als blinder Furcht.

6. Die Priester der verschiedenen religiösen Sekten fürchten den Fortschritt der Wissenschaft wie die Hexen den Anbruch des Tages und blicken finster auf den tödlichen Boten, welcher die Zerstörung der Bauernfängerei ankündigt, von der sie leben.

7. Es wird der Tag kommen, an dem die mystische Entstehung Jesu im Leib einer Jungfrau und mit dem höchsten Wesen als Vater in die gleiche Kategorie eingeordnet wird, wie die Fabel von der Geburt der Minerva aus dem Kopf Jupiters.

John Adams (2. US-Präsident 1797 – 1801)
Wie ich die christliche Religion verstehe, war und ist sie eine Offenbarung. Aber wie kommt es, dass mit der jüdischen und christlichen Offenbarung Millionen von Fabeln, Märchen und Legenden vermischt wurden, die sie zur blutigsten Religion aller Zeiten gemacht haben?

George Bush senj. (US-Präsident 1989-1993)
Nein, ich finde nicht, dass man Atheisten als Bürger betrachten sollte, und man sollte sie auch nicht für Patrioten halten. Dies ist eine Nation unter Gott.
Anmerkung: Im Vertrag von Tripoli 1796, von G. Washington entworfen und von J. Adams unterzeichnet, heißt es: „Da die Regierung der Vereinigten Staaten nicht in irgendeinem Sinn auf christliche Religion gegründet ist, ...".

Berry Goldwater (konservativer US-Senator 1981)
In keiner anderen Haltung sind die Menschen so unbeweglich wie in ihren religiösen Überzeugungen. Man kann in einer Diskussion keinen mächtigeren Verbündeten für sich beanspruchen als Jesus Christus oder Gott oder Allah, oder wie man dieses höhere Wesen sonst nennen mag. Aber wie jede wirksame Waffe, so sollte man auch Gottes Namen im eigenen Interesse nur sparsam einsetzen. Die religiösen Gruppen, die überall in unserem Land heranwachsen, gehen nicht klug mit ihrer Macht um. Sie wollen die Regierungsmitglieder zwingen, sich zu hundert Prozent ihrer Position anzuschließen. Wenn man in einer bestimmten ethischen Frage nicht mit diesen religiösen Gruppen übereinstimmt, beklagen sie sich und drohen mit dem Verlust von Geld und Wählerstimmen. Ehrlich gesagt, bin ich es leid, dass politische Prediger überall in diesem Land mir als Bürger sagen, wenn

ich ein moralischer Mensch sein wolle, müsse ich an A, B, C oder D glauben. Für wen halten die sich eigentlich? Woher nehmen sie das Recht, mir ihre moralischen Überzeugungen aufzuzwingen? Noch wütender bin ich als Gesetzgeber, der die Drohungen aller möglichen religiösen Gruppen ertragen muss, weil sie glauben, sie hätten das gottgegebene Recht, bei jeder Abstimmung im Senat über meine Stimme zu bestimmen. Ich warne sie heute: Ich werde sie auf jedem Schritt des Weges bekämpfen, wenn sie versuchen, ihre moralischen Überzeugungen im Namen des Konservativismus allen Amerikanern vorzuschreiben.

Anmerkung:
Die religiösen Überzeugungen der Gründerväter sind heute für die Propagandisten der amerikanischen Rechten von großer Bedeutung, denn diese sind eifrig darauf bedacht, ihre Version der Geschichte durchzusetzen. Entgegen ihren Behauptungen wurde schon frühzeitig festgehalten, dass die Vereinigten Staaten *nicht* als christliche Nation gegründet wurden.

Einstein

1. Ich glaube nicht an einen persönlichen Gott und habe das auch nie verhehlt, sondern immer klar zum Ausdruck gebracht. Wenn in mir etwas religiös ist, so ist es die grenzenlose Bewunderung für den Aufbau der Welt, soweit unsere Wissenschaft ihn offenbaren kann.

2. Der Gedanke an einen persönlichen Gott ist mir völlig fremd und kommt mir sogar naiv vor.

3. Ich versuche nicht, mir einen persönlichen Gott vorzustellen; es reicht aus, wenn man voller Staunen vor dem Aufbau der Welt steht, soweit sie unseren unzureichenden Sinnen gestattet, sie einzuschätzen.

4. Ich bin ein tief religiöser Ungläubiger. Dies ist eine irgendwie neue Art von Religion.

5. Ich habe der Natur nie einen Zweck oder ein Ziel unterstellt, oder etwas Anderes, das man als anthropisch bezeichnen könnte. Was ich in der Natur sehe, ist eine großartige Struktur, die wir nur sehr unvollkommen zu erfassen vermögen und die einen denkenden Menschen mit einem Gefühl der Demut erfüllen muss. Dies ist ein echt religiöses Gefühl, das mit Mystizismus nichts zu tun hat.

6. Das Wissen um die Existenz des für uns Undurchdringlichen, der Manifestationen tiefster Vernunft und leuchtendster Schönheit, die unsere Vernunft nur in ihren primitivsten Formen zugänglich sind, dieses Wissen und Fühlen macht wahre Religiosität aus; in diesem Sinne, und nur in diesem, gehöre ich zu den tief religiösen Menschen.

7. Ich glaube an Spinozas Gott*, der sich in der gesetzlichen Harmonie des Seienden offenbart, nicht an einen Gott, der sich mit den Schicksalen und Handlungen der Menschen abgibt.

*) Spinoza war Pantheist, d. h. er glaubte nicht an einen übernatürlichen Gott, sondern benutzte das Wort Gott als Synonym für die Natur, das Universum oder für die Gesetzmäßigkeiten, nach denen es funktioniert.

Bertrand Russel
1. Die Beweislast für die These, dass es einen Gott gibt, liegt nicht bei den Ungläubigen, sondern bei den Gläubigen (veranschaulicht anhand der Parabel von der himmlischen Teekanne auf einer Umlaufbahn um die Sonne).

2. Intellektuell hervorragende Menschen glauben in ihrer großen Mehrheit nicht an die christliche Religion, aber in der Öffentlichkeit halten sie diese Tatsache geheim, weil sie Angst haben, ihr Einkommen zu verlieren.

Martin Niemöller (Theologe, EKD-Ratsmitglied)
Das Christentum hat der Menschheit mehr Unheil als Heil gebracht.

R. M. Pirsig (amerikanischer Schriftsteller und Philosoph)
Leidet ein Mensch an einer Wahnvorstellung, so nennt man es
Geisteskrankheit. Leiden viele Menschen an einer Wahnvorstellung,
nennt man es Religion.

Douglas Adams (englischer Schriftsteller)
Ich würde die Ehrfurcht des Verstehens (der Evolution) jederzeit
über die Ehrfurcht der Ignoranz (den Glauben an einen göttlichen
Gestalter) stellen.

**Patrick Sookhdeo (Direktor des Instituts für islamische und
Christliche Studien)**
Heute führt die große Mehrheit der Muslime ihr Leben, ohne auf
Gewalt zurückzugreifen, denn der Koran ist ein Gemisch, aus dem
man nach Belieben auswählen kann. Wer Frieden wünscht, findet
friedliche Verse. Wer Krieg will, findet kriegerische Verse.

**Richard Dawkins (Evolutionsforscher und Autor von „Der
Gotteswahn")**
1. Der Gott des Alten Testaments ist die abstoßendste Verkörperung
einer Gottesvorstellung:
Er ist eifersüchtig und auch noch stolz darauf; ein kleinlicher,
ungerechter, nachtragender Überwachungsfanatiker; ein
rachsüchtiger, blutrünstiger ethnischer Säuberer; ein
frauenfeindlicher, homophober, rassistischer, Kinder und Völker
mordender, ekliger, größenwahnsinniger, sadomasochistischer,
launisch-boshafter Tyrann.

2. Mit der Vorstellung, ein Gott könne das Universum gestaltet
haben und zu Millionen Menschen gleichzeitig sprechen, entzieht
man sich völlig der Verantwortung, eine Erklärung zu finden. Es ist

die entsetzliche Zurschaustellung einer selbstzufriedenen, das Denken leugnenden Wundergläubigkeit.

3. Solange wir das Prinzip anerkennen, dass religiöser Glaube respektiert werden muss, einfach weil es ein religiöser Glaube ist, kann man auch den Respekt gegenüber dem Glauben von Selbstmordattentätern kaum ablehnen. Deshalb muss man das Prinzip des automatischen Respekts für religiösen Glauben aufgeben. Vor Glauben überhaupt muss gewarnt werden, denn er öffnet dem Extremismus Tür und Tor und missbilligt von seinem Wesen her kritische Fragen. Christentum und Islam lehren vielmehr, dass unhinterfragter Glaube eine Tugend sei.
Glaube ist genau deshalb bösartig, weil er keine Rechtfertigung braucht und keine Diskussion duldet. Solche Lehre in den Geist eines arglosen Kindes einzupflanzen ist ein schwerer Fehler.

4. Ich glaube an die Menschen, und wenn Menschen ermutigt werden, selbst über alle heute verfügbaren Erkenntnisse nachzudenken, stellt sich häufig heraus, dass sie nicht an Gott glauben und ein erfülltes, zufriedenstellendes, ja wahrhaft befreites Leben führen.

Jim Watson (Begründer des Human-Genomprojektes)
Ich kann einfach nicht glauben, dass jemand die Wahrheit aufgrund einer Offenbarung anerkennt (für die es keinerlei objektive Beweise gibt).

Francis Crick (Molekulargenetiker)
Ich glaube nicht, dass wir zu irgendetwas da sind. Wir sind einfach Produkte der Evolution.

Literaturhinweise

1 Richard Dawkins: Der Gotteswahn, Ullstein 2007

2 Christoph Türcke: Religionswende
                     Dietrich zu Klampen Verlag

3 Konrad Lorenz: Antriebe tierischen und menschlichen
  Paul Leyhausen   Verhaltens; Piper-Verlag 1968

4 Fritjof Capra: Lebensnetz, Knaur 1999

5 Albert Einstein: Mein Weltbild, Ullstein 1960

6 Stephen Hawking: Die illustrierte kurze Geschichte der Zeit
                     Rowohlt 2002

7 R. Schmoeckel: Die Indoeuropäer, Bastei-Lübbe 2004

8 Rudolf Jockel: Die lebenden Religionen
                     Safari-Verlag Berlin 1958

9 Ernst Peter Fischer: Evolution und Kultur des Menschen
                     Fischer Verlag 2010

10 Dagmar Röhrlich: Evolution auf der Achterbahn
                     Berlin Verlag 2008

11 Antonio Damasio: Descartes' Irrtum, Ullstein 2006

12 Hans Kessler: Evolution und Schöpfung in neuer Sicht
                     Butzon & Becker Verlag 2010

13 Reinhard Starkl: Naturwissenschaft und Glaubenslehren
                       VAP-Verlag 2000

14 Franz Buggle: Denn sie wissen nicht, was sie glauben
                       Alibri-Verlag, Aschaffenburg 2004

15 Bernd Harder: Die goldenen Regeln der Menschheit
                       Weltbild 2007

16 Wolf Singer: Bindungsprobleme, Neurobiologische
                       Überlegungen; Audio-CD, Suppose 2003

17 H. Grossmann: Was lehrt die Bahai-Religion
                       Bahai-Verlag

18 Hans-Peter Dürr: Auch die Wissenschaft spricht nur in
                       Gleichnissen
                       Herder Verlag 2010

19 Michael Schmidt-   Manifest des evolutionären Humanismus
   Salomon: Alibri Verlag 2006

20 Annemarie Pieper: Philosophische Disziplinen
                       Reclam Verlag 2004

21 Gerd Haffmans: Kleiner Atheismus-Katechismus
                       Haffmans Verlag 2008

Herstellung und Verlag:
Books on Demand GmbH, Norderstedt
ISBN 978-3-8370-6781-1